쇼피의 시대,
월 1,500만 원 버는 글로벌 셀링의 비밀

쇼피의 시대,
월 1,500만 원 버는 글로벌 셀링의 비밀

온셀로그 지음

목 차

쇼피로 돈 버는 시대, 이제는 당신의 차례다

어느 날, 스마트폰 화면에 뜬 짧은 알림 한 줄이 내 인생을 바꿔놓았다.

'축하합니다! 첫 주문이 들어왔습니다.'

그 한 문장은 단순한 거래 알림이 아니었다. 내게는 새로운 시대의 초대장이었다. 대부분의 사람은 인생이 바뀌는 순간이 찾아와도 눈치채지 못한다. 하지만 그날, 나는 알았다. '이건 그냥 주문이 아니라, 인생의 시그널이구나.'

나는 직장인이 아니었다. 12년 동안 연기학원을 운영해 온 소상공인이었다. 코로나19 직격탄 속에서도 학원은 꿋꿋이 버텼다. 하지만 문제는 그 이후였다. 학생 수는 야금야금 줄었고, 주변에는 새 학원이 계속 생겨났다. 열정을 다해 가르치던 일에 어느 순간 흥미를 잃고 있는 내 자신을 보았다. 열정은 남아 있었지만, 방향을 잃은 사람처럼 느껴졌다. 열심히 살아왔는데, 왜 점점 뒤로 밀리는 기분이 들까? 게다가 아이들이 자라면서 학원비 부담이 점점 커졌다. 답을 찾아야만 했다. 아이들 교육비를 벌기 위해 운영하던 학원 수입이 고스란히 다른 학원비로 빠져나가는 상황이 참 아이러니하게 느껴졌다. '이젠 다른 방법으로 돈을 벌어야겠다.' 그렇게 생각하며 부업을 찾기 시작했다.

그러다 우연히 본 한 기사. '당신도 글로벌 셀러가 될 수 있습니다.'라는 문장이 눈에 들어왔다. 세상은 이미 온라인으로 움직이고 있었고, 나는 아직 오프라인 무대에 서 있었다. 시대의 파도가 밀려오면 타야 산다. 버티면 잠긴다. '역직구? 글로벌 셀러? 한류 상품 판매?' 처음 듣는 단어들이었지만 이상하게 가슴이 뛰었다. 무엇보다 '집에 있는 물건만 올려도 팔린다.'라는 문장에 마음이 확 끌렸다. 그게 바로 쇼피(Shopee)였다.

처음엔 반신반의했다. '동남아에 물건을 판다고? 배송은? 언어는? 환율은?' 궁금함과 두려움이 뒤섞였지만, 이미 내 안의 위기감이 두려움을 이기고 있었다. 망설임에도 불구하고 클릭한 '쇼피 입점하기' 버튼 하나가 내 인생의 리셋 버튼이 될 줄은 그때는 몰랐다.

가장 큰 매력은 분명했다. 재고 없이도 시작할 수 있고, 가입비나 초기 비용도 없다는 것. 연기학원을 시작하려면 보증금, 인테리어, 장비까지 적어도 수천만 원이 필요했지만, 쇼피는 잃을 게 거의 없었다. 그래서 아내와 함께 쇼피를 시작했다.

처음엔 모든 게 서툴렀다. 온라인 강의를 보며 하나하나 따라 했다. '소싱'이 뭔지도 몰랐고, 상품 설명은 번역기에 의존했다. 다른 판매자들의 페이지를 보며 감을 잡고, 그렇게 쇼피에 익숙해져 갔다. 그리고 쇼피를 시작한 지 세 달째, 드디어 내 휴대폰에 첫 주문 알림 메시지가 도착했다.

"여보, 이다음엔 뭘 해야 하지?"

"기억 안 나요. 강의 다시 봐야 될 것 같아요."

아내와 함께 VOD 강의를 다시 틀어놓고 하나씩 따라 하며 첫 주문을 처리했다. 그 순간 느꼈다. '아, 이게 진짜 팔리는구나.' 그 한 건의 주문은 내 인생의 전환점이었다. 그 한 건은 단순한 매출이 아니었다. 두려움의 시대가 끝나고 도전의 시대가 열린 순간이었다.

그날 이후, 내 하루는 상품 등록으로 시작해서 상품 등록으로 끝났다. 연기학원 출근도 미뤄 가며 새로운 상품을 계속 올리고 또 올렸다. 그리고 어느 날 문득 깨달았다. 하루 주문 60건, 월 매출 5천만 원. 순수익 1,500만 원. 돈은 노력의 결과가 아니라 '방향'을 바꾼 사람에게 온다. 방향을 바꾸면 속도는 자연히 따라온다. 이건 더 이상 '부업'이 아니었다. 그때부터 내 삶의 중심은 완전히 바뀌었다.

내가 등록한 상품은 현재 싱가포르, 대만, 태국, 말레이시아, 베트남, 필리핀, 브라질, 멕시코까지 총 8개국에서 판매되고 있다. 하지만 이 책은 단순히 '이만큼 벌었다.'라는 이야기만 담으려는 게 아니다. 당신은 지금 '누군가 이미 다 차지한 시장'만 바라보고 있진 않은가? 그 시선을 단 1도만 옮겨도 완전히 다른 세상이 열린다. 나는 남들보다 훨씬 늦게 첫 판매를 경험했고, 온라인 판매는 처음이었다. 그 과정에서 겪은 두려움, 시행착오, 그리고 전환의 순간을 담았다.

처음엔 '무엇을 팔까'를 고민했지만, 어느 날부터는 '누구에게 팔까'를 생각하기 시작했다. 그때 등장한 사람이 태국 고객 'P'였다. 그녀가 매일 보낸 메시지 덕분에 나는 처음으로 '페르소나(가장 이상적인 고객)'라는 개념을 체감했다. 그때 처음 느꼈다. 돈이 아니라 사람이 기준이 될 때 비로소 사업이 '일'이 아니라 '이야기'가 된다는 것을. 그녀가 원하는 상품을 등록하자 비슷한 사람이 줄줄이 찾아왔다. 그건 단순한 판매가 아니라 관계의 시작이었다. 그후 나는 확신하게 됐다. 지금은 '쇼피의 시대'다. 누군가는 여전히 망설이지만, 이미 누군가는 조용히 시작하고 있다. 그리고 그들이 쌓아가는 작은 성과들이 앞으로의 이커머스 지도를 바꿔놓을 것이다.

아이들 학원비를 벌려고 시작한 부업이 본업 이상의 수익을 내기 시작했다. 아내와 상의 끝에 연기학원을 정리했고, 나는 '온셀로그' 유튜브 채널을 열었다. 내 이야기를 영상으로 나누자 수많은 사람들이 찾아왔다. 무료 강의 한 번에 2천 명 넘는 시청자가 몰렸고, 댓글마다 "나도 시작해 볼게요."라는 말이 이어졌다. 그 순간 나는 느꼈다. '아, 내가 다시 세상과 연결되고 있구나.' 그리고 그 연결이 지금의 이 책으로 이어졌다.

연극 연출가로서 책을 쓰는 상상은 해봤지만, 쇼피 셀러로서 책을 쓰는 건 내 인생 계획에 없던 일이었다. 이 책은 내가 먼저 겪은 시행착오와 성공의 흐름을 '공유'하는 책이며, 동시에 당신도 지금 이 자리에서 함께 성공하자고 손을 내미는 책이다. 돈을 버는 법을 몰라 막막했던 시절의 나처럼, 당신 역시 출발선에 서 있을지 모른다. 그래서 이 책은 단순히 용기만을 말하는 것이 아니라, 용기가 실제 수익으로 이어지는 구조와 방법까지 담아냈다. 세상은 끊임없이 변해가고 있지만, 쇼피라는 무대에 당신이 오르는 것을 언제나 환영한다. 쇼피로 돈 버는 시대, 이제는 당신의 차례다.

CHAPTER 1

온라인 셀러, 나도 시작할 수 있을까?

쇼피(Shopee)는 동남아와 대만, 그리고 남미 일부 국가까지 아우르는 모바일 중심 이커머스 플랫폼이다. 한국으로 치면 쿠팡처럼 누구나 앱을 켜고 자연스럽게 물건을 주문하는 서비스다. 쿠팡과 가장 크게 다른 점은 쇼피가 처음부터 국가 간 판매(Cross-border) 최적화를 전제로 만들어졌다는 것이다.

한국 셀러가 집에서 싱가포르, 대만, 태국, 말레이시아, 베트남, 필리핀, 브라질, 멕시코, 총 8개국에 동시에 판매할 수 있는 시스템이다. 온라인 판매 경험이 없어도 시작할 수 있고, 초기에는 재고 없이도 운영 가능하다. 주문이 들어오면 국내에서 상품을 보내는 것만으로 해외 고객에게 자동으로 배송이 이어지는 구조다. 복잡한 해외 배송 절차나 현지 언어 대응 없이도 한국에서 하던 택배 발송의 연장선에서 자연스럽게 '해외 판매'를 경험할 수 있게 설계됐다.

그래서 나는 쇼피를 이렇게 정의한다. '개인이 현실적인 범위 안에서 글로벌 판매를 처음 경험해볼 수 있는 가장 쉬운 무대.' 전 세계를 상대로 하는 거창한 이야기가 아니다. 지금 당장 손에 잡히는 8개 나라, 하지만 한국보다 훨씬 큰 소비 시장. 이제 이 무대 위에서 우리가 어떤 기회를 마주하게 되는지 하나씩 이야기해보자.

왜 하필 쇼피일까?

① 지금 동남아·남미 시장은 얼마나 뜨거울까

처음 쇼피를 시작했을 때, 나는 스스로에게 보이지 않는 한계를 두고 있었다. '동남아는 아직 후진국 아닌가?', '비싼 제품은 안 팔릴 거야.', '한국 제품 중에서도 싸고 무난한 걸 올려야겠지.' 그 생각 속에는 '부자 나라 셀러가 가난한 나라에 판다.'라는 묘한 우월감이 깔려 있었는지도 모른다. 하지만 그 믿음은 오래가지 않았다.

내가 몰랐던 시장의 온도

동남아의 한 고객이 내게 메시지를 보냈다. 그녀는 갓난아이를 키우는 엄마였다. 요청한 제품은 한국 돈으로 21만 9천 원짜리 전동 코흡입기였다.

〈동남아 고객의 고가 전동 코흡입기 리뷰 화면〉
(이미지 출처 : 쇼피 판매 페이지)

쇼피 수수료, 해외 배송비, 그리고 내 마진까지 더하면 판매가는 약 40만 원에 달했다. 솔직히 불안했다. '이걸 정말 사겠다고?' 가격을 다시 보고 계산기를 다시 두드려봤다. 그래도 숫자는 변하지 않았다. 불안한 마음과 함께 상품을 등록하고 채팅으로 링크를 보냈다. 잠시 후 결제 알림이 울렸고 잠시 멍해졌다. 그런데 그것으로 끝이 아니었다.

머칠 뒤 다른 고객이 그 제품을 또 주문했다. 다시 일주일 뒤 세 번째 주문까지 이어지면서 그때 깨달았다. '싼 물건만 팔린다.'라는 건 내 편견이었다는 걸. 이 시장 고객들은 가격만 보고 움직이지 않았다. 필요와 상황, 그리고 신뢰가 맞아떨어질 때 기꺼이 지갑을 열 줄 아는 사람들이었다.

필리핀의 한 고객은 내게 이렇게 물었다.

"Are you really Korean?" (당신 정말 한국인이에요?)

그래서 나는 짧게 답했다.

"Yes, I'm Korean." (네, 한국인입니다.)

그러자 이번엔 이런 메시지가 왔다.

"Then say something in Korean."

(그러면 한국말 해볼래요?)

순간 웃음이 나왔다. 그래서 채팅창에 이렇게 썼다.

"안녕하세요."

그랬더니 갑자기 채팅창이 시끌시끌해졌다.

"Wow!!! Really Korean!!' Nice to meet you!!"

(와우, 정말 한국인이네요. 반갑습니다.)

반가움이 섞인 메시지가 쏟아졌다. 그 순간 묘한 기분이 들었다. '아, 이거 진짜 연예인 된 기분인데?' 내가 특별한 말을 한 것도 아니었다. 그저 한국어로 인사 한 마디 했을 뿐인데 그들은 '한국 사람'이라는 사실 자체에 반응하고 있었다.

그리고 그날 이후로도 신기한 장면이 하나둘 보이기 시작했다. 어느 날 고객이 사진을 하나 보내왔다. 캡처된 화면에는 네이버 스마트스토어 상품 페이지가 떠 있었다. 또 어떤 고객은 한국 유튜버의 쇼츠 영상을 캡처해서 보내며 "Can you sell this?"(이거 팔 수 있나요?)라고 물었다. 다이소몰, 한국 블로그 리뷰, 심지어 한국어로 된 상세페이지 이미지까지. 그걸 보는 순간 나는 잠시 멈춰서 생각했다. '이 사람들 내가 접근하기도 귀찮아 했던 한국 사이트들을 직접 찾아서 보고 있었던 거야?' 내가 쇼피를 시작했을 때는 전혀 몰랐던 사실이었다. 한국 제품을 향한 온도가 이미 이 시장 안에 분명히 존재하고 있었다는 것. 그들은 단순히 물건을 찾고 있는 게 아니었다. 한국 사람이 쓰는 물건, 한국 엄마의 선택, 한국인의 일상을 사고 싶어했다.

그제야 퍼즐이 맞춰졌다. 이 시장은 '싸서 사는 시장'이 아니라 '한국이라서 선택하는 시장'이라는 것. 그리고 그 연결의 가장 앞줄에 한국 셀러인 내가 서 있다는 사실을 그때 처음으로 실감했다. 그 이후로 나는 더 이상 이렇게 묻지 않게 됐다. '이게 비쌀까?' 대신 이렇게 묻기 시작했다. '이걸 누가 필요로 할까?' 시장 온도는 숫자가 아니라 사람의 반응으로 느껴지는 것이었다.

7억 명의 거대한 소비권, 그리고 0.001% 전략

현재 한국 판매자가 쇼피를 통해 판매할 수 있는 국가는 싱가포르, 대만, 태국, 말레이시아, 베트남, 필리핀, 브라질, 멕시코, 총 8개국이다. 이 8개국 인구를 모두 합치면 약 7억 명 수준이다. 한국 인구(약 5천만 명)의 약 14배에 이른다. 숫자만 놓고 보면 실감이 잘 나지 않는다. 그래서 나는 이 시장을 이렇게 표현한다. '한 나라가 아니라 여러 개의 생활권이 동시에 열려 있는 시장'

이 7억 명은 단순한 인구 숫자가 아니다. 이들은 대부분 스마트폰으로 쇼핑하는 사람들이다. 버스 안에서, 침대 위에서, 카페에서 스크롤을 내리다 결제 버튼을 누르는 '모바일 소비자들'이다. 하지만 여기서 많은 초보 셀러가 바로 겁을 먹는다.

'7억 명이요? 그건 대기업 이야기 아닌가요?'

그래서 나는 아예 계산 방식을 바꿨다. 7억 명 전부에게 팔겠다는 생각은 처음부터 비현실적이었다. 하지만 0.001%라면 이야기가 달라진다. 7억 명의 0.001%는 7천 명. 이 7천 명이 각자 만 원짜리 상품 하나씩만 사준다면 월 매출은 7천만 원이다.

이 계산을 처음 했을 때는 솔직히 말하면 거의 망상에 가까웠다. 사실 이런 생각은 나의 오래된 습관이었다. 다이소나 스타벅스처럼 언제나 사람들이 북적거리는 곳에 가면 나는 습관처럼 이런 상상을 하곤 했다. '여기 있는 사람들 결제 금액의 0.001%만 내 통장으로 들어와도 인생이 달라질 텐데...'

그땐 그냥 허무한 상상이었다. 그리고 시간이 흘러 이 책을 쓰면서 그때 생각이 문득 떠올라 다시 계산을 해보았다. 다이소의 2024년 연매출은 약 3조 9,689억 원. 여기서 0.001%를 계산하면 약 4천만 원이다. 그 숫자를 보고 나는 잠깐 웃었다. 아니, 여전히 망상에 가깝다. 다이소 같은 거대 기업 매출에서 0.001%를 떼어온다는 생각 자체가 현실적인 계산일 리는 없다.

그런데 웃음이 멈춘 이유는 그 숫자 때문이 아니었다. 지금 내가 쇼피에서 기록하고 있는 매출이 어느새 월 7천만 원에 가까워져 있다는 사실 때문이었다. 그 순간 이런 생각이 들었다. '아, 다이소 이야기가 현실이어서가 아니라 0.001%라는 관점 자체는 완전히 틀린 생각만은 아니었구나.'

그때의 나는 현실이 너무 팍팍해서 망상이라도 붙잡고 싶었던 사람이었다. 통장 잔고는 바닥이었고 사람들로 가득 찬 매장을 보며 상상 속에서만 계산기를 두드리고 있었다. 하지만 쇼피에서는 그 망상이 아주 다른 방식으로 현실에 닿고 있었다.

지금 돌아보면 이 계산은 참 단순하고 초보스럽다. 하지만 중요한 건 숫자가 아닌 시선이다. 7억 명의 시장에서 최고의 무역업자가 될 필요는 없다. 모든 사람에게 팔 필요도 없다. 단 하나, 내 샵을 좋아해주는 0.001%만 만들자. 그리고 나는 이 0.001%를 '숫자'가 아니라 '사람'으로 정의했다. 7억 명의 0.001%인 7천 명. 그건 단지 숫자가 아니라 7천 개의 얼굴을 가진 사람들이었다. 그 순간부터 쇼피는 나에게 단순한 판매 플랫폼이 아니라 사람들과 관계를 만드는 공간이 되었다.

이미 준비된 모바일 소비자들

쇼피를 통해 판매 가능한 8개국은 서로 문화도 다르고 언어도 다르다. 하지만 쇼피를 운영하면서 분명하게 느낀 공통점이 하나 있다. 바로 '모바일 퍼스트'가 아니라 이미 '모바일 완성형' 시장이라는 점이다.

싱가포르와 대만은 평균 연령이 40세 안팎으로 한국과 크게 다르지 않다. 하지만 스마트폰 보급률은 95%를 넘고 모바일 결제와 해외직구에 대한 심리적 장벽이 거의 없다. 고가 제품도 리뷰와 신뢰만 확보되면 망설임 없이 결제한다. 이 시장은 '젊다'라기보다 이미 소비 경험이 충분히 축적된 '성숙' 시장에 가깝다.

태국, 말레이시아, 베트남, 필리핀은 분위기가 또 다르다. 평균 연령이 30세 전후로 훨씬 젊고 인구의 절반 이상이 모바일 결제를 일상적으로 사용한다. 이들에게 쇼핑은 컴퓨터 앞에 앉아서 하는 일이 아니다. 출퇴근 길 버스 안에서, 아이를 재우고 난 뒤 침대 위에서, 카페에서 스크롤을 내리다 마음에 들면 바로 결제한다.

브라질과 멕시코 역시 마찬가지다. 이 두 나라는 이미 남미 최대의 온라인 소비국으로 자리 잡았고, 쇼피 앱 다운로드 수는 1억 회를 넘었다. '이제 막 시작되는 시장'이 아니라 이미 쇼핑하는 방식 자체가 '모바일에 최적화된 시장'이다.

이들이 한국 시장과 크게 다른 점은 무엇일까? 사실 소비 환경만 놓고 보면 크게 다르지 않다. 차이가 있다면 브랜드를 받아들이는 태도다. 이들은 이미 유명한 글로벌 브랜드에 익숙하다. 하지만 동시에 새롭게 등장하는 한국 브랜드와 신제품에도 매우 민감하게 반응한다. '이미 검증된 것'과 '새로운 것'을 동시에 소비하는 시장인 셈이다. 그래서 쇼피에서는 이런 장면이 자연스럽게 나온다. 브랜드 인지도가 아직 높지 않은 한국 제품이 리뷰 몇 개와 진정성 있는 설명만으로도 기존 유명 브랜드 옆에서 함께 선택받는 모습.

중요한 건 이 시장이 '브랜드가 없어도 된다.'라는 곳이 아니라는 점이다. 오히려 브랜드가 만들어지는 속도가 빠른 시장에 가깝다. 신제품이 등장하면 그 제품을 처음 만나는 셀러와 함께 브랜드 이미지가 형성된다. 그리고 이 모든 소비는 마우스 클릭이 아니라 손가락 하나로 이루어진다.

그들에게 온라인 쇼핑은 특별한 이벤트가 아니라 생활의 일부다. 그래서 쇼피는 단순히 '젊은 시장'이 아니라 이미 충분히 훈련된 소비자가 움직이는 '성숙한 모바일 시장'이다. 이 점을 이해하는 순간 '초보 셀러라서 불리하다.'라는 생각은 조금 다른 질문으로 바뀐다. '이 시장에서 나는 어떤 위치에 서게 될까?'

GDP보다 중요한 건 '이동의 방향'

누군가는 여전히 이렇게 말한다.

"동남아는 아직 소득 수준이 낮잖아."

이 말이 틀렸다고 생각하진 않는다. 다만 그 질문 하나만으로 이 시장을 판단하기엔 이미 너무 많은 변화가 동시에 일어나고 있었다.

싱가포르는 1인당 GDP가 이미 선진국 수준이고 대만 역시 한국과 크게 다르지 않은 소비력을 갖고 있다. 말레이시아, 태국, 베트남, 필리핀은 아직 숫자만 놓고 보면 한국보다 낮아 보이지만, 그 대신 다른 지표가 빠르게 움직이고 있다. 바로 이커머스 성장률이다. 이 지역들은 공통적으로 온라인 쇼핑 비중이 매년 두 자릿수 내외로 커지고 있고 특히 모바일을 중심으로 한 소비 전환이 매우 빠르다. 컴퓨터를 거쳐 온라인 쇼핑을 배운 세대가 아니라 처음부터 스마트폰으로 결제하는 세대가 시장의 중심에 있다. 나는 이 숫자들을 보며 '대박'이라는 단어보다는 '방향'이라는 단어를 먼저 떠올렸다. 이 시장은 이미 완성된 곳이 아니라 지금도 계속 이동 중인 시장이라는 느낌이 들었기 때문이다.

이런 생각은 내가 과거에 놓쳤던 여러 흐름과 겹쳐 보였다. 예금에만 넣어도 고금리를 주던 시절, 주식시장 현황판에서 아무 종목이나 찍어도 오르던 시절. 그 이야기들은 늘 윗세대의 추억으로만 남아 있었고 나는 그 흐름을 실제로 타본 적이 없었다. 그러다 얼마 전에는 코인이라는 유행 앞에서 비슷한 불안을 느꼈다. '이제는 이 흐름을 타야 하는 건 아닐까?' 뒤쳐지면 안 된다는 마음에 남들 하는 대로 따라가 봤다. 결과는 꽤 씁쓸했다. 마법처럼 원금의 대부분이 사라지는 경험도 했다. 그래서일까. 나는 이후로 '급격한 폭발'보다 '서서히 이동하는 흐름'을 더 유심히 보게 됐다.

쇼피의 8개국 시장을 보며 내가 느낀 건 그런 종류의 이동이었다. 이건 갑자기 솟구쳤다가 꺼지는 열기가 아니라 생활권 자체가 조금씩 옮겨가고 있다는 느낌에 가까웠다. 지각변동이라는 말을 쓰면 보통 위험하게 들린다. 하지만 내가 바라본 이 변화는 사막이나 남극처럼 사람이 살 수 없는 땅으로 향하는 이동은 아니었다. 적어도 지금까지의 흐름을 보면 사람들이 모이고 소비가 일어나고 관계가 만들어질 수 있는 온화한 기후 쪽으로 이동하고 있다는 인상이 더 강했다.

중요한 건 이 변화가 이미 끝났느냐, 아직 시작이냐의 문제가 아니었다. 이동이 '있었느냐'가 아니라 '지금도 계속되고 있느냐'였다. GDP 숫자 하나만 보고 판단하기엔 이 시장은 이미 너무 많은 신호를 동시에 보내고 있었다. 소득은 천천히 오르지만 소비 방식은 그보다 훨씬 빠르게 바뀌고 있었고, 그 변화의 중심에 모바일 커머스가 있었다. 그래서 나는 이 시장을 보며 '무조건 기회다.'라고 말하고 싶지도 않았고 '지금 안 하면 끝이다.'라는 식의 조급함을 전하고 싶지도 않다.

다만 분명했던 건 하나다. 이 흐름은 아직 멈추지 않았고 나는 그 이동하는 판 위에 조금 일찍 올라탄 사람일 뿐이라는 생각이었다. 그리고 그 선택은 적어도 지금까지는 나를 배신하지 않고 있다.

'Made in Korea'는 브랜드

처음에는 나도 단순하게 생각했다. '한국 제품이니까 팔리겠지.' 실제로 쇼피를 운영하다 보면 이런 메시지를 자주 받게 된다.

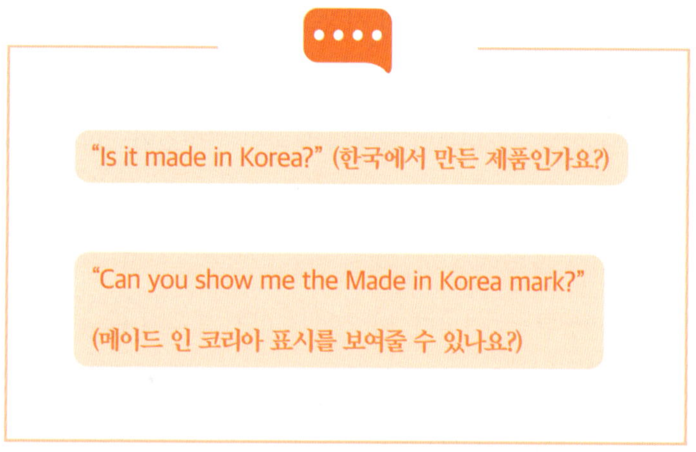

'한국'이라는 단어 자체가 이미 하나의 신뢰의 상징이라는 걸 새삼 느끼게 되었다. 흥미로운 건 그들이 꼭 '메이드 인 코리아'만을 요구하는 게 아니라는 점이었다. 비슷한 빈도로 이런 질문도 따라왔다.

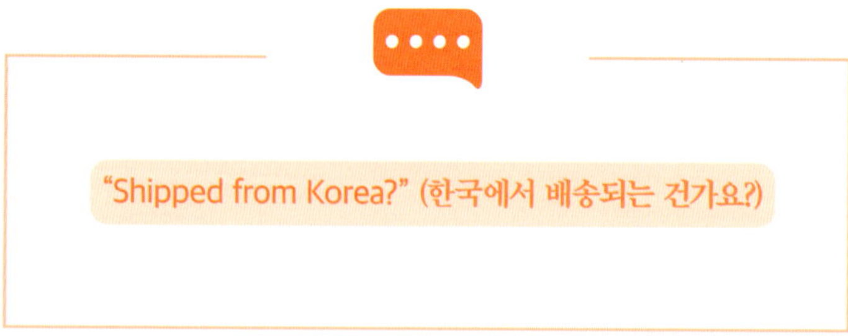

한국에서 출고되고 한국 셀러가 직접 관리하며 문제가 생기면 한국 사람이 책임진다는 것. 그 사실만으로도 품질과 신뢰를 보증받는다고 생각하는 고객이 분명히 존재했다. 그런데 어느 순간 이런 생각이 들었다. '그렇다면 같은 한국 브랜드 제품이라면 누가 팔아도 결과는 비슷해야 하는 거 아닐까?'

꼭 그렇지는 않았다. 내가 판매하던 한 제품은 한국 브랜드였고 베트남 공장에서 주문제작 방식으로 생산되고 있었다. 그리고 베트남 셀러 역시 나와 완전히 동일한 제품을 판매하고 있었다. 제품은 같았다. 원산지도 같았다. 달랐던 건 단 하나, 가격이었다. 그 판매자는 약 3만 원, 나는 약 4만 원, 만 원 차이였다. 결과는 어땠을까? 놀랍게도 판매량은 내가 훨씬 많았다.

물론 가격이 더 저렴한 베트남 판매자를 선택한 고객도 꽤 있었다. 그 선택이 틀렸다고 생각하지 않는다. 가격을 가장 중요한 기준으로 두는 소비는 아주 자연스럽다. 하지만 분명히 가격이 더 비싸도 내 샵에서 구매하는 고객도 존재했다. 이 지점에서 나는 하나를 확신하게 됐다.

쇼피에서의 선택은 국적 하나, 원산지 하나, 가격 하나로 결정되지 않는다. 그보다 더 크게 작용하는 건 샵 전체가 만들어온 신뢰의 총합이다. 누적된 판매 기록, 리뷰의 밀도, 응답 속도, 팔로워 수, 그리고 노출 구조 등이다. 팔로워가 많은 샵은 같은 제품을 올려도 초기 노출에서 유리하다. 어떤 샵 상품은 먼저 보이고, 어떤 샵 상품은 아예 화면에 뜨지 않는다. 그래서 나는 이렇게 정리하게 됐다. 'Made in Korea'는 분명 매력적인 무기다. 하지만 그것 하나만으로 쇼피에서 성공할 수 있으리라는 기대는 경계해야 한다.

이 시장은 한국이니까 무조건 되는 곳도 아니고 가격이 싸야만 되는 곳도 아니다. 이곳은 신뢰를 어떻게 설계하느냐에 따라 선택이 갈리는 시장이다. 그리고 바로 그 점이 내가 이 시장을 '대박'이 아니라 '방향'이라고 느끼는 이유다. 지금까지는 이 시장이 어떤 곳인지에 대한 이야기였다. 다음 장에서는 이 거대한 시장이 왜 스마트폰 하나로 돌아가는 '진짜 모바일 커머스의 무대'가 되었는지, 그리고 그 구조가 개인에게 어떤 기회를 만들어주는지를 구체적으로 이야기해보려 한다.

왜 하필 쇼피일까?

② 스마트폰 하나로 다 되는 진짜 모바일 커머스 세상

쇼피를 시작하고 몇 개월이 지나자 낯설던 플랫폼에도 제법 익숙해졌다. 상품을 올리면 팔린다는 사실을 확인한 뒤부터는 자연스럽게 이런 욕심이 생겼다. '조금만 더 효율적으로 할 수 없을까?' 부업이라는 제한된 시간 안에서 가능한 한 많은 상품을 등록하고, 주문을 놓치지 않고, 고객 메시지에 바로 반응하고 싶었다. 그 욕심은 곧 질문으로 바뀌었다. 이 일을 꼭 컴퓨터 앞에 앉아서만 해야 할까?

셀러의 일은 컴퓨터 앞에서 시작된다

초보 셀러가 처음 마주하는 셀러의 일은 대략 이렇게 나뉜다.

- ☑ 상품 소싱 및 가격 조사
- ☑ 마진 계산
- ☑ 상품 등록 (상품명, 상세 설명 작성, 이미지 편집)
- ☑ 고객 채팅 응대
- ☑ 주문 확인, 국내몰 상품 주문
- ☑ 배송 상태 확인
- ☑ 리뷰 관리
- ☑ 품절 대응

처음에는 모든 일이 노트북 앞에서만 가능한 것처럼 느껴진다. 나 역시 밤 늦게까지 키보드를 두드리며 '아, 이게 온라인 셀러의 일상이구나.'라고 생각했다. 이 단계에서 컴퓨터는 필수다. 초보자일수록 특히 그렇다. 여러 판매자 페이지를 동시에 띄워 비교하고, 번역된 문장을 한 줄씩 고쳐가며 어투를 다듬고, 이미지 9장을 한 화면에서 배열해 흐름을 맞추고, 마진 시트를 보며 숫자를 다시 계산하는 일은 분명 PC가 훨씬 잘하는 영역이다. 그래서 나는 지금도 상품 등록과 설계만큼은 PC에서 한다. 이건 습관이 아니라 효율의 문제다.

초보자에게 컴퓨터는 단순한 작업 도구가 아니라 사고방식을 만드는 공간이다. 처음부터 완벽하게 하려 들면 손이 먼저 멈춘다. 그래서 나는 이렇게 말하고 싶다.

"잘하는 법보다 덜 헤매는 법부터 익혀라."

상품 하나를 등록할 때도 소싱 → 번역 → 이미지 → 가격 → 업로드, 이걸 한 번에 끝내려 하지 말고 어느 날은 소싱과 가격 조사만, 어느 날은 상품명과 설명만, 이미지는 다음 날 한꺼번에, 이렇게 작업을 묶어서 처리하는 편이 훨씬 수월하다. 쇼피는 '완성된 사람'만을 기다리는 플랫폼이 아니다. 미완성 상태로라도 계속 올리는 사람에게 더 많은 기회를 주는 구조다.

손안으로 옮겨온 작은 변화들

문제는 주문이 늘어나면서부터였다. 상품을 새로 올리는 시간보다, 다음과 같은 운영 업무가 시간을 더 많이 차지하기 시작했다.

☑ 주문 확인, 국내몰 상품 주문

☑ 배송 상태 확인

☑ 고객 채팅 응대

☑ 리뷰 관리

☑ 품절 대응

이때부터 노트북이 불편해졌다. 부팅해야 하고, 자리 잡고 앉아야 하고, '이따가 켜야지' 하다 보면 타이밍을 놓쳤다. 스마트폰은 달랐다. 화면을 켜는 순간 바로 일이 시작됐다. 처음엔 정말 사소한 것들이었다. 쇼피 운영의 '보조 수단' 정도였다. 그런데 이 사소한 일들이 쌓이자 운영의 중심이 서서히 이동하는 걸 느꼈다. 상품을 등록하는 일은 여전히 PC 몫이지만 상품을 살아 움직이게 하는 일은 모바일이 맡기 시작했다.

Korean translation:
"언제 도착하나요?"

안녕, 배송은 판매자가 아닌 쇼피에 의해서 콘트롤되므로, 자세한 배송 일정을 판매자가 알기 어려운 점 양해바람. 쇼피고객센터에 문의하시면 안내받으실 수 있음

Here is a polite and clear **English reply** you can send:

Hello, please understand that delivery is controlled by Shopee, not by the seller, so it is difficult for us to know the exact delivery schedule.
For detailed shipping information, you can contact Shopee Customer Service for assistance.
Thank you for your understanding.

순서	상품명(TITLE)	매입비용	무게(g)	판매가격 (Discount Promotion)	상품노출가격 (부가세 9% 포함)	리스팅가격	정산수익	마진율 (정산수익 기준)	부가세환급 (참고)
3597	2597. 안 뚫어 고리 브라켓 2개입 레일 타입 1060045	3,000	200	$11.900	$12.97	$17.00	₩6,072	66.9%	₩273
3598	2598. 2026 디즈니 미키프렌즈 탁상 달력 1071113	1,000	200	$6.900	$7.52	$9.86	₩3,527	77.9%	₩91
3599	2599. 2026 디즈니 위니더푸 탁상 달력 1071112	2,000	250	$8.900	$9.70	$12.71	₩3,909	66.2%	₩182
3600	2600. 오므라이스 랜더 스티커 4매입 1055140	1,000	50	$2.700	$2.94	$3.86	₩1,018	50.4%	₩91
3601	2601. 디즈니 칩앤데일 물방울 퍼프 칩 / 데일	1,000	80	$3.000	$3.27	$4.29	₩1,029	50.7%	₩91
3602	2602. [써모스X제로퍼제로] 조제분유용 텀블러 500ml	40,000	500	$54.300	$59.19	$77.57	₩4,994	11.1%	₩3,636
3603	2603. 오르미 레트로 미로클락	33,000	900	$54.000	$58.86	$77.14	₩8,233	20.0%	₩3,000
3604	2604. 오르미 레트로 루네클락	28,000	1200	$54.000	$58.86	$77.14	₩10,835	27.9%	₩2,545
3605	2605. 빨강머리앤 100일스터디플래너	6,320	350	$14.200	$15.48	$20.29	₩3,534	35.9%	₩575
3606	2606. 닥터하우스 오미자 사각 후라이팬 계란말이팬 에그팬 22cm	30,480	1200	$55.000	$59.95	$78.57	₩9,264	23.3%	₩2,771
3607	2607. 로마네 Brunch Brother 오그리 무빙 벽시계	36,400	1000	$74.000	$80.66	$105.71	₩20,140	34.4%	₩3,491

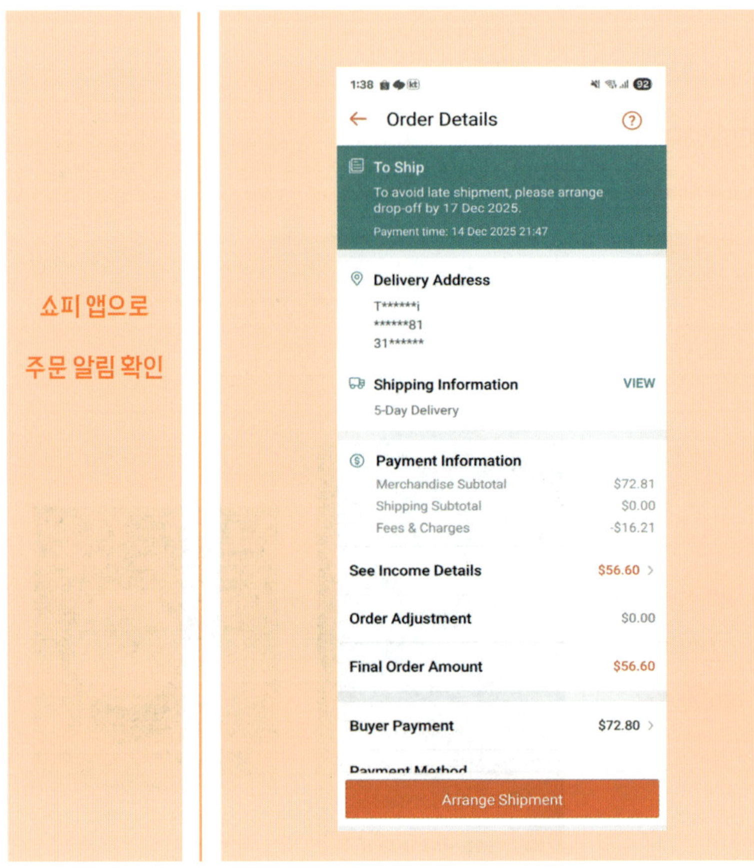

이 흐름을 느낀 뒤, 나는 휴대폰을 갤럭시 폴드로 바꿨다. 접으면 일반 스마트폰 크기지만, 펼치면 미니 태블릿만큼 넓은 화면이 나온다.

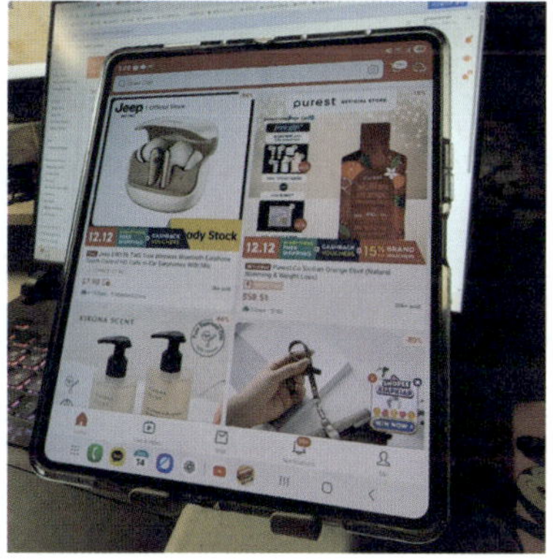

<온셀로그가 사용 중인 스마트폰(갤럭시 폴드), 접었을 때(왼쪽)와 펼쳤을 때>

언제든 쇼피 앱을 켜서 주문을 보고, 채팅에 답하고, 리뷰를 확인하고, 상품을 훑어볼 수 있는 상태를 만들고 싶었다. 물론 꼭 특정 기종이어야 하는 건 아니다. 중요한 건 기계가 아니라 태도다. 쇼피 운영을 '특정 시간에 하는 일'이 아니라 '일상 속에서 수시로 관리하는 일'로 바꾸는 선택. 그 이후로 나는 '이따가 일해야지.'라고 생각하지 않았다. 잠깐 확인하고, 잠깐 답하고, 잠깐 처리했다. 그 작은 변화들이 쌓이면서 쇼피는 더 이상 내 하루를 잠식하는 일이 아니라 하루 속에 자연스럽게 들어온 일이 되었다.

쇼피는 클릭이 아니라 터치로 움직인다

쇼피 앱 하나면 주문 처리, 고객 채팅, 리뷰 확인, 배송 추적, 상품 검색, 이 모든 것이 스마트폰 안에서 이뤄진다.

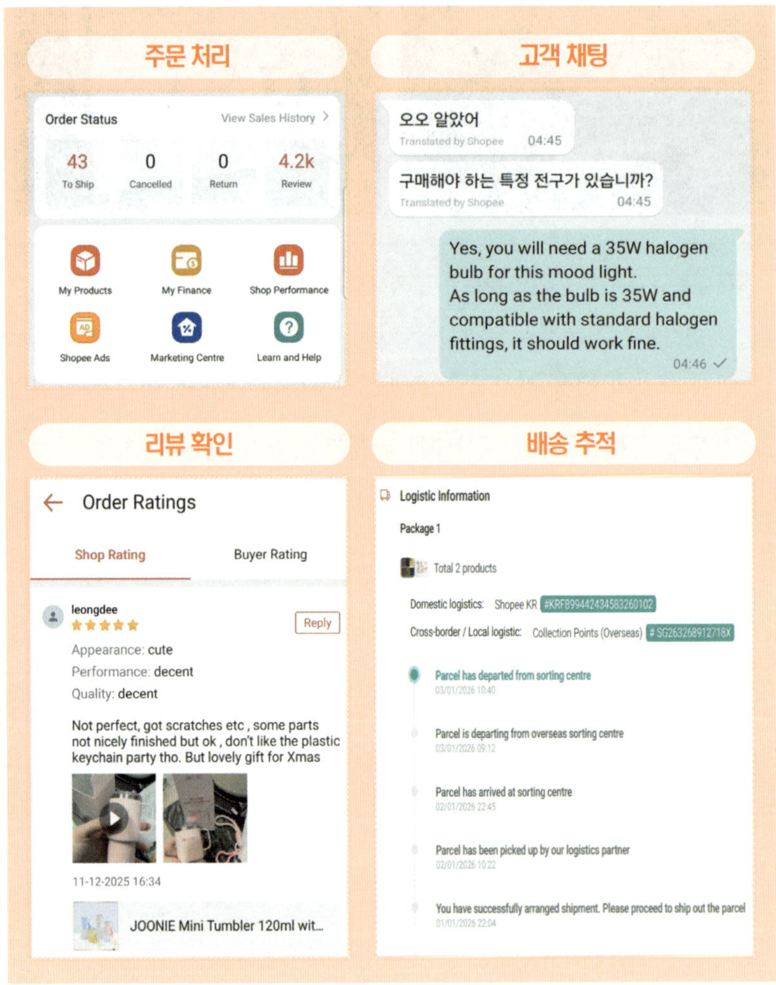

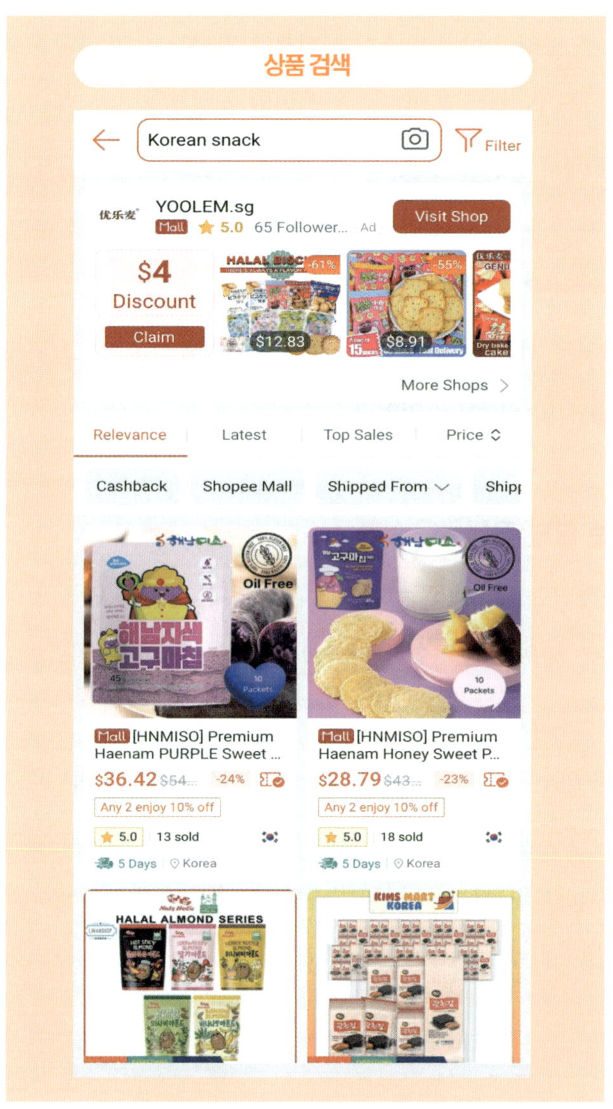

〈쇼피 앱 내 주문 처리·고객 채팅·리뷰 확인·배송 추적·상품 검색 화면〉
(이미지 출처 : 쇼피 앱)

마우스 클릭이 아니라 손끝 터치로 시작되는 운영이다. 동남아와 남미 소비자는 PC보다 스마트폰으로 먼저 쇼핑을 경험한 세대다. 그들은 스마트폰에서 물건을 보고, 묻고, 결제한다. 그리고 흥미롭게도 그 모바일 구매자들과 마주 서 있는 판매자 역시 같은 방식으로 움직일 수 있는 구조가 바로 쇼피였다.

모바일로 사는 시장, 모바일로 운영하는 셀러. 이 연결 구조가 아주 자연스럽게 맞아떨어져 있었다.

PC는 설계, 모바일은 실행

정리하면 이렇다. PC는 설계의 공간이다. 상품을 만들고 구조를 짜고 전략을 세운다. 모바일은 실행의 공간이다. 주문을 처리하고 고객과 소통하고 흐름을 관리한다.

이 분업이 가능해졌을 때 쇼피는 더 이상 '부업'이 아니라 현실적으로 운영 가능한 '개인 비즈니스'가 되기 시작했다. 컴퓨터 앞에서만 클릭하던 시대는 서서히 뒤로 물러나고 있다. 이제는 손끝에서 세계가 스크롤된다.

왜 하필 쇼피일까?

③ 한국 셀러에게 유독 잘 맞는 이유

한국 제품에 대한 수요는 이미 쇼피 시장을 가득 채우고 있다. 'K-뷰티', 'K-리빙', 'K-푸드', 'K-베이비' 같은 키워드는 동남아 소비자의 검색창에서 매일 오르내릴 정도로 인기다. 흥미로운 점은 수요는 넘치는데 공급이 상대적으로 적다는 것이다. 이 특이한 구조야 말로 내가 쇼피를 많은 사람에게 알려주고 싶은 이유다.

쇼피? 처음 들어보는데요?

많은 한국 사람이 쇼피를 잘 모르는 이유는 단순하다. 판매는 가능하지만 구매는 불가능하기 때문이다. 한국에서는 쇼피 앱을 열어도 제품을 살 수 없다. 그래서 대부분의 사람에게 쇼피는 여전히 '듣도 보도 못한 해외 플랫폼'으로 남아 있다.

하지만 나는 오히려 그 점이 흥미로웠다. 누구나 아는 네이버 스마트스토어나 쿠팡에는 이미 수십만 명의 셀러가 진출해 있고, 억대 매출을 올리는 사람도 흔했다. 그런 시장을 보며 나는 솔직히 겁이 났다. '저 수십만 명 중에서 내가 들어가 살아남을 수 있을까?' 자신이 없었다. 그래서 '조금이라도 덜 알려진 곳'을 찾았다. 이건 선택이 아니라 생존이었다.

판매는 가능하지만 아직 누구도 주목하지 않은 시장. 그게 바로 쇼피였다. 동남아와 남미에서는 수억 명이 사용하지만 한국에서는 아직 낯선 플랫폼. 그 인지도의 간극에서 나는 기회의 틈을 보았다.

아는 사람만 아는 시장, 그래서 아직 블루오션

글로벌 시장이 이미 포화된 지금 한국 셀러가 한 번의 상품 등록으로 여러 나라에 진출할 수 있는 플랫폼은 거의 없다. 하지만 쇼피는 다르다. 한국 셀러센터(KRSC)에서는 상품을 영어로 한 번만 등록하면 싱가포르, 대만, 태국, 말레이시아, 베트남, 필리핀, 브라질, 멕시코 총 8개국에 동시에 노출된다. 이건 단순한 편의 기능이 아니라 '한 번의 노력으로 여덟 개 시장에 진입할 수 있는 구조'다.

게다가 고객 채팅은 한국어로도 응대 가능하다. 번역 기능이 자동으로 적용되기 때문이다. 전세계 플랫폼 중에서도 언어 장벽이 사라진 이 구조는 드물다. 그래서 쇼피는 한국 셀러에게 '쉬운 해외 진출'이라는 희소한 기회를 제공한다.

누구나 알고 있는 네이버, 쿠팡, 아마존은 이미 치열한 경쟁의 무대다. 하지만 쇼피는 아직 '아는 사람만 아는 무대'에 가깝다. 그래서 더 희소하고, 그래서 더 기회다.

쇼피코리아에서 정확한 통계를 발표하고 있지 않지만, 업계 추정으로는 현재 쇼피에서 활동 중인 한국 셀러 수가 5천 명을 넘기기 않는다고 한다. 그중 꾸준히 판매를 이어가는 셀러는 2천 명 남짓일 거라고 나름 추산해 본다. 즉 7억 명의 소비자 시장에 2천 명의 한국 셀러만 존재한다. 완벽한 블루오션이라 할 수는 없지만 적당한 경쟁 속에서도 충분히 성장할 수 있는 시장이다. 특히 초보 셀러에게는 리스크보다 가능성이 더 큰 무대다. 경쟁은 언제나 존재하지만 그보다 훨씬 큰 수요의 바다가 남아 있다.

심리적 장벽이 가장 큰 장애물

많은 사람이 이렇게 생각한다. '해외수출이라니? 나랑은 좀 먼 얘기 아닌가?' 쇼피를 '해외 수출 플랫폼'이라고 생각하는 순간 심리적 장벽이 생긴다.(아마 내가 쿠팡과 스마트스토어의 판매자 수십만 명을 떠올리며 겁을 먹었던 것과 같은 이치일 것이다.)

실제로는 그렇지 않다. 한국 판매자는 쇼피 셀러센터를 통해 상품을 등록하고 관리할 수 있다. 상품 등록은 영어로 진행되지만, 쇼피코리아에서 제공하는 한국어 매뉴얼과 헬프센터의 한국어 채팅 상담 덕분에 언어 부담이 거의 없다. 게다가 요즘은 ChatGPT가 상품 등록까지 도와주는 시대다. 영어를 잘하지 못해도 문제될 것은 없다.

무엇보다 해외 배송과 통관은 판매자가 직접 처리하는 일이 아니다. 판매자가 해야 할 일은 간단하다. 상품을 등록하고 주문이 들어오면 제품을 포장해서 김포에 있는 '두라 집하지' 물류센터로 보내는 것. 그다음부터는 쇼피가 알아서 처리한다. 국제 운송, 통관, 현지 배송까지 모두 시스템 안에서 자동으로 진행된다.

그래서 우리는 실제로 수출을 하고 있지만 그 과정을 수출처럼 느끼지 않는다. 상품을 포장하고 국내 택배(또는 쇼피 픽업 서비스)로 보내면 그 다음은 쇼피의 영역이다. 이건 말 그대로 '한국어로 하는 글로벌 판매'다. 복잡해 보이던 해외 판매가 생각보다 훨씬 단순하다는 걸 깨닫는 순간 심리적 장벽은 사라진다.

물론 실제로 해본 많은 사람이 말한다.

"할 게 너무 많다."

"쉽지 않다."

하지만 나는 다르게 느꼈다. 처음이라 복잡해 보일 뿐 시스템은 이미 완성되어 있다. 익숙해지고 나면 결국 단순하다. 다만 그 단순함을 깨닫기까지 조금의 시간과 믿음이 필요할 뿐이다.

한국 셀러는 이미 초대받은 손님

쇼피는 2019년에 한국 법인을 세웠다. 한국 시장의 가능성을 누구보다 빨리 눈치챘기 때문이다. K-뷰티, K-리빙, K-푸드, K-베이비 등등. 'K'로 시작하는 모든 것은 이미 동남아 시장에서 하나의 브랜드이자 유행의 상징이었다. 쇼피 입장에서도 한국은 단순한 국가가 아니라 수익성이 검증된 전략 파트너였다. 그래서 한국 판매자의 역직구 진출을 공식적으로 지원하는 시스템을 만들었다.

각 마켓에서는 매달 한국 상품 전용 프로모션을 진행한다. 그 대표적인 예가 '코리아 메가데이(Korea Mega Day)' 같은 캠페인이다. 한국에서는 싱가포르 메가데이나 필리핀 메가데이를 볼 수 없지만 동남아 소비자는 '한국 제품'만 모아보는 기획전을 매달 기다린다. 당신의 상품이 그 페이지에 노출된다는 상상을 한 번 해보자. 주문 알림이 쉴 새 없이 울리는 조금은 초현실적인 하루가 시작될지도 모른다.

나 역시 초보 티가 물씬 나던 시절, 쇼피를 시작한 지 약 6개월쯤 되었을 때 처음으로 한국 상품 캠페인에 노출되는 초현실적인 경험을 했다. 그날 이후로 판매량과 리뷰가 빠르게 쌓이기 시작했고, 내 샵은 눈에 띄게 성장했다. 그전까지만 해도 쇼피는 아이들 학원비 100만 원을 벌기 위한 부업이었다. 하지만 그 캠페인을 계기로 생각이 완전히 달라졌다. '이건 단순한 부업이 아니구나. 진짜 가능성 있는 시장이구나.'

그때였다. '월 천만 원을 벌 수 있을지도 모른다.'라는 내 안의 야망이 처음으로 불붙기 시작했다. 그날 이후로 쇼피는 단순한 부업이 아니라 우리 가족의 삶을 바꿔줄지도 모를 하나의 '길'이 되어가고 있음을 나는 분명히 직감했다.

역직구, 이제 대기업만의 영역이 아니다

최근 한국의 주요 이커머스 기업들도 하나둘씩 '역직구(해외 직접 판매)' 시장으로 눈을 돌리고 있다. 가장 먼저 움직인 곳은 쿠팡이었다. 2023년 10월, 대만 시장에 공식 진출하며 한국식 이커머스 모델의 해외 현지화를 본격화했다. 대만 앱 다운로드 1위를 기록하며 빠르게 시장 점유율을 넓혀가고 있으며, '로켓배송'으로 대표되는 직매입·보관·빠른 배송 시스템을 현지 물류 파트너(유니프레지던트그룹·야마토)와 함께 구현했다. 또, 약 1만 2천 개 이상의 한국 중소기업이 쿠팡을 통해 대만 시장에 진출하면서 한국식 이커머스의 가능성을 실질적으로 입증했다.

뒤이어 지마켓과 알리바바도 손을 잡았다. 양사는 5:5 지분의 신세계-알리바바 합작법인(JV)을 설립해 각자의 플랫폼(지마켓, 알리익스프레스코리아)을 독립적으로 운영하면서 물류와 IT 시스템을 공유하기로 했다. 이 협력으로 지마켓 셀러는 별도 절차 없이 등록한 상품을 알리바바 글로벌 플랫폼과 연동할 수 있게 되었고, 알리바바 그룹 산하 동남아 대표 온라인 쇼핑몰 '라자다'를 통해 동남아 5개국을 포함한 약 50개국으로 판로가 확대됐다. 통관, 배송, 고객 응대 역시 통합 시스템 안에서 지원된다.

이제 대기업들도 '내수에서 수출로' 방향을 전환하고 있는 셈이다. 한국식 이커머스 모델이 해외에서도 충분히 통한다는 사실이 하나둘씩 구체적인 결과로 증명되고 있다. 하지만 그들이 가는 길은 여전히 복잡하다. 물류망 구축, 관세 협약, 시스템 통합, 현지 인력, 모든 게 거대한 규모로 움직여야 하기 때문이다.

우리는 다르다. 쇼피 안에서 이미 그 길을 훨씬 가볍고 단순하게 시작할 수 있다. 상품 등록 한 번으로 8개국에 노출되고, 국제 배송은 플랫폼이 대신 처리한다. 우리가 쿠팡이나 지마켓처럼 거대한 선박은 아닐지라도 바람을 먼저 읽는 민첩한 돛단배일 수는 있다.

내가 쇼피를 선택한 진짜 이유

나도 앞서 말한 쇼피의 세계를 모두 알고 시작한 게 결코 아니었다. 그저 '동남아에 한국 제품을 판다.'라는 게 신기하게 들렸을 뿐이다. 해외직구는 익숙했지만 '역직구'라는 말은 낯설었다. 그 낯섦이 곧 기회처럼 느껴졌다.

당시 나는 퇴근 전후 시간에 뭔가를 해야겠다는 생각으로 가득했다. 10년 넘게 운영하던 연기학원이 여전히 돌아가고 있었지만, 내 안의 열정은 점점 식어가고 있었다. 매달 돌아오는 아이들 학원비 부담으로 아내는 나에게 미안해했고, 나는 그런 아내에게 미안했다. 그런 와중에도 큰 아들은 학원에 다니는 것을 즐기고 있었고, 둘째 아들은 그런 형을 부러워하며 수영학원도 다닐 거고 미술학원도 다닐 거라고 다짐하듯이 말했다. 그 천진한 말은 우리 부부에게 웃음을 주었지만 동시에 심장이 천천히 타들어 가는 기분이 들었다.

그래서 생각했다. '위험이 적고 현실적인 부업은 없을까?' 그렇게 유튜브 검색을 시작했다. '무인 아이스크림 가게', '무인 계란 전문점 창업' 같은 영상이 눈에 들어왔다. 시간을 많이 뺏기면 안 됐고 투자금도 최소여야 했다. 하지만 본사 상담을 해보니 현실은 냉정했다. 예상 수익은 적고 초기비용은 컸다. '세상은 역시 호락호락하지 않구나.'

그때였다. 우연히 보게 된 인터넷 기사. 제목은 이랬다. '역직구 시장에서 글로벌 셀러가 되어 보세요.', '무재고로 해외에 판매할 수 있다.' 그 문장을 읽는 순간 이상하게 될 것 같은 느낌이 왔다. 계산보다 '감'이 앞섰다.

나는 원래 생각이 많은 사람이었다. INFJ, 세상 인구의 2%만이 가진 유형이라고 한다. 무언가를 시작하기 전엔 늘 모든 가능성과 실패 시나리오를 계산했다. '이게 정말 될까? 안 되면 어디까지 감당할 수 있을까?' 그 생각이 늘 나를 붙잡아 왔다. 그런데 쇼피를 알게 된 그 순간만큼은 달랐다. 머리보다 손이 먼저 움직였다.

사업자등록을 하고, 온라인 강의를 신청하고, 6평짜리 원룸 사무실을 계약했다. 지금 돌아보면 꽤 성급했다. 하지만 그 선택에는 나름의 기준이 있었다. 집과 일을 분리하고 싶었다. 집에서는 아빠로 살고, 작은 공간이라도 밖에서는 '일하는 사람'으로 살고 싶었다.

쇼피를 처음 시작하는 사람에게 꼭 사무실이 필요한 건 아니다. 나 역시 처음엔 집 한 켠 식탁 옆에서 시작해도 충분했을 거다. 다만 나에게는 이 일을 쉽게 포기하지 않게 만드는 장치가 필요했다. 매달 꼬박꼬박 돌아오는 사무실 월세는 나를 더 성실하게 책상 앞에 앉히는 현실적인 이유가 됐다. 노트북을 펼칠 수 있는 책상 하나, 택배 박스를 쌓아둘 수 있는 바닥 공간, 그리고 하루 중 일정 시간을 쇼피에만 쓰겠다는 약속. 공간의 크기보다 중요한 건 쇼피를 할 수 있는 자리를 의도적으로 확보하는 것이었다. 누군가는 방 한 켠이 될 수도 있고, 누군가는 카페의 단골 자리일 수도 있다. 쇼피는 장소보다 '루틴'을 먼저 요구하는 일이었다.

남들은 몰랐다. 우리가 이런 준비를 하고 있다는 걸. 오롯이 우리 부부 둘만의 비밀이자 실험이었다. 아내가 물었다.

"진짜 할 거죠?"

나는 고개를 끄덕였다. 사실 아내도 나만큼이나 절박했다. 나에게 미안했고 나도 그런 아내에게 미안했기에 서로를 향한 미안함이 결국 우리를 움직였다.

쇼피를 시작하며 내가 느낀 건 거창한 결심보다 먼저 아주 구체적인 행동 하나가 필요하다는 사실이었다. 사업자등록을 하고 상품 하나를 등록하고 막히는 부분은 검색하고 이해가 안 되면 다시 강의를 틀어보는 것. 그 반복이 전부였다. 무인 아이스크림점을 차리려면 수천만 원이 필요하지만, 쇼피는 실패해도 감당 가능한 비용 안에서 시도할 수 있었다. 그래서 나는 이 선택을 '용기 있는 도전'이라기보다 '현실적인 실험'에 가깝다고 느꼈다.

그렇게 우리는 아주 조심스럽게 쇼피를 시작했다. 그리고 2022년 4월 1일 첫 상품을 등록했다. 그날이 내 쇼피 인생의 첫 장이었다. 다만 솔직히 말하자면 그 이후의 과정은 우리가 상상했던 것보다 훨씬 더 험난했다.

누구나 한 번은 겪는
'왜 안 팔리지?'의 시간

난생 처음으로 유료 온라인 강의를 결제하고 영상을 재생하던 그날의 설렘을 아직도 기억한다. '이제 진짜 시작이구나.'

뭐든 올리면 팔릴 것만 같은 자신감이 밀려왔다. 무엇보다 컴퓨터 앞에서 하는 일에는 자신이 있었다. 연기학원을 운영하며 외주비를 아끼기 위해 영상 편집이나 이미지 작업을 전부 혼자 해왔으니, 컴퓨터 다루는 일은 손에 익어 있었다. 그래서 새로 얻은 6평짜리 사무실에서 오전엔 쇼피, 오후엔 학원, 밤이면 다시 사무실로 돌아와 컴퓨터를 켜는 삶을 시작했다. '이렇게까지 하는데, 뭐라도 되겠지.'

하지만 현실은 예상보다 훨씬 험난했다. 강의에서 배운 대로 상품을

올리고 또 올려도 어떤 반응도 없었다. 그때부터 나는 매일 같은 질문을 되뇌었다. '왜 안 팔리지?'

문제는 단 하나였다. 잘 팔릴 만한 제품이 무엇인지 모르겠다는 것. 온라인 판매도 처음이었고, 동남아 시장에 대해서도 아는 게 전혀 없었다. 어떤 제품이 인기 있을지 조사하는 데도 시간이 끝도 없이 흘러갔다. 그래서 강의에서 배운 대로 '집에 있는 것부터 올려라.'를 실천해 보기로 했다.

첫 상품은 아이들이 매일 먹던 한미약품 영양제 '텐텐'이었다. 쇼피에서 이미 엄청난 판매량을 기록한 제품임을 확인하고서는 '이거다!' 싶었다. 하지만 계산기를 두드려보니, 판매량이 가장 높은 셀러 가격으로 맞출 경우 내게 남는 건 고작 천 원. 그마저도 박스에 담아서 포장하면 마진은 거의 0에 수렴했다. '천 원이라니... 천 개를 팔아야 100만 원? 아직 한 개도 못 팔았는데 그걸 언제 다 팔지?' 불안감이 엄습했다.

그래도 포기하지 않았다. '똑같이 팔아서는 답이 없겠지.' 그래서 나는 100정짜리 제품을 10정, 30정 옵션으로 쪼개 등록하고는 스스로 꽤 만족했다. 그렇게 올리고 나니 '안 팔리면 어쩌나'가 아니라 정반대로 '혹시라도 팔리면 어쩌나' 하는 기분 좋은 불안감이 밀려왔다. 그래서 미리 매입처도 수소문했다. 남대문시장에 가면 텐텐을 싸게 살 수 있다는 글을 보고 아내를 부추겨 가족 나들이 겸 시장으로 향했다. 동네 약국에서는 1만 8천 원에서 2만 원까지 하는 제품이 남대문에서는 1만 6천 원이었다. 5통을 검은 봉지에 담아 집으로 돌아오는 길, 문득 또 다른 불안이 찾아왔다.

"안 팔리면 어쩌지?"

아내가 말했다.

"우리 애들 먹이면 되지."

그 한마디에 마음이 조금 놓였다. 그렇게 우리는 '안 팔리면 아이들이 먹으면 된다.'라는 단순한 위로 속에서 소소한 행복과 기대감을 나눴다. 결국 몇 달이 지났고, 그 5통은 모두 아이들이 맛있게 먹었다. 텐텐을 섭취한 아이들이 키가 더 커졌으면 하는 마음으로 나는 계속 제품 등록을 이어갔다. 이후에도 나는 맥심커피, 카누, 콤부차, 한국 라면 등 집에도 있고 쇼피에서도 잘 팔린다는 제품을 손해 나지 않을 정도의 마진을 붙여서 무작정 등록했다.

두 달 동안 올린 상품은 100개 가까이. 하지만 주문 수는 여전히 0. '0의 행진'은 멈추지 않았다. 연기학원 운영도 쉽지 않은 상황에서 사무실 월세 40만 원은 아이들 학원비처럼 매달 어김없이 찾아왔다. 이때의 감정은 단순한 실망이나 분노가 아니었다. 자괴감과 희망이 묘하게 공존하는 상태. '왜 안 팔리지?'라는 의문과 '그래도 내일은 팔릴지도 몰라.'라는 기대가 이상하게 공존했다. 대학 입시 발표를 기다릴 때의 그

조마조마함. 지금은 주문이 없지만, 다음 순간엔 울릴지도 모르는 그 알림음을 기다리는 마음.

이 시기의 나처럼, 많은 초보 셀러도 같은 시간을 보낸다. 검색을 반복하고, 상품 이미지를 수정하고, 매일 통계를 들여다보지만 결국 '0'이라는 숫자 앞에 멈춰 선다. 그 시간은 길어질 수도 있고, 때로는 '내가 뭘 잘못하고 있는 걸까?'라는 자책으로 이어지기도 한다. 하지만 그건 실패의 징조가 아니라, 누구나 거쳐야 하는 과정일 따름이다. 그 무렵, 내가 상품 등록에 파묻혀 지내는 모습이 안쓰러웠던지 아내도 쇼피 상품 등록에 도전했다. 내가 9개를 올릴 때 아내는 1개 정도의 속도, 그 정도였다. 그리고 쇼피 시작 70일째 되던 날, 드디어 휴대폰이 울렸다.

"Shopee!" 주문 알림.

그런데 놀랍게도, 첫 주문 제품은 맥심도, 카누도, 콤부차도 아니었다. 아내가 '느낌적인 느낌'으로 고른, 내겐 듣도 보도 못한 그 상품이었다. 나는 화면을 보다가 아내를 불렀다.

"여보, 첫 주문인 것 같은데? 맞지?

"가만있어 봐봐... 맞는 것 같은데??"

"근데 이게... 무슨 제품이야?"

그때는 몰랐다. 그 주문이, 그 하나의 알림이 내 인생의 방향을 바꾸게 될 줄은. 그땐 단지 놀랐을 뿐이다. '이게 왜 팔렸지?' 그저 신기하고, 이유도 모른 채 가슴이 뛰었다. 하지만 지금 돌이켜보면 안다. '왜 안 팔리지?'의 시간은 모든 셀러가 반드시 한 번은 거쳐야 하는 시간이었다는 걸. 그리고 그 시간을 끝까지 버텨낸 사람에게만 비로소 찾아온다. 그 짧지만 강렬한, '이게 왜 팔렸지?'의 순간이.

첫 주문, 그 이후의 변화

첫 주문이 들어온 그날, 지난 70일의 '0의 행진'이 멈췄다. 짜릿했다. 아내가 올린 그 제품은 비건 크래커였다.

"이걸 왜 올린 거야?"

"요즘 한국에서도 비건 인구가 많잖아. 동남아에도 그런 흐름이 있을 것 같더라고. 그리고 포장이 예뻐."

나는 동의할 수 없었다. 쿠팡가 2,500원, 내용물은 턱없이 적은 과자. 여기에 해외 배송비·쇼피수수료·소정의 마진까지 더하면 싱가포르 고객은 봉지당 6천 원대를 지불해야 한다. 아무리 비건이라도 그렇지. '이게 팔릴 리가…' 그게 내 솔직한 생각이었다.

그런데 믿기 어려운 일이 벌어졌다. 첫 주문의 주인공이 한 번에 20봉지를, 여섯 가지 맛을 골고루 담아 주문한 것이다. 기쁘면서도 궁금했다. '왜 이걸, 이렇게 많이?' 행복 뒤에는 곧 불안이 따라왔다. '혹시 이게 마지막 주문이면 어쩌지?' 아침마다 쇼피 앱을 먼저 열었다. 조회수가 떨어질 때마다 심장이 덜컥 내려앉는 날들의 연속이었다.

그리고 첫 주문 4일 뒤, 두 번째 주문. 5일째에도 또 한 건. 그제야 조금씩 확신이 생기기 시작했다. '아, 우연만은 아니구나.' 시간이 조금 더 흐른 첫 주문 18일 뒤, 놀라운 일이 또 벌어졌다. 싱가포르의 첫 고객이 20봉지를 재구매한 것이다. 하루에 한 봉지 이상을 먹은 셈이다. 그때 머릿속 문장이 바뀌기 시작했다.

'싸니까 사는 게 아니라, 좋아하니까 산다.'

동남아 시장을 보던 나의 편견이 그날 이후 하나씩 사라졌다.

3개월 차 실적 요약

- 첫 주문 순이익: 2만 6,400원
- 동일 고객 재구매 순이익: 2만 7,400원
- 누적(3개월) 주문: 10건 / 누적 순익: 약 7만 원

현실이 당장 바뀐 건 아니었다. 사무실 월세 40만 원을 내려면 내 돈 33만 원을 더 보태야 했다. 그래도 이상하게 기죽지 않았다. 처음으로 내가 진짜 무언가를 팔아서 돈을 벌었다는 사실이 더 크게 느껴졌기 때문이다.

첫 주문 이후 며칠은 잠이 오지 않았다. 상품 등록이 곧 돈이 될 수 있다는 사실을 이제는 '경험'으로 알았으니까. 첫 주문은 내게 약간의 돈과 함께 방향을 알려주었다. 그날 이후 나는 '시도하는 사람'이 아니라 '진짜 판매자'가 된 것이다. 아직 결과는 초라했지만 확신은 가득했다. 왜냐하면 나에게는 다음 달이 기다리고 있었기 때문이다. 그리고 곧, 태국에서 찾아온 또 다른 고객 단 한 명이 나의 쇼피를 송두리째 바꿔놓는 사건이 일어났다.

CHAPTER 2

단 한 명의 고객으로
시작된 변화

태국 고객 P,
그녀의 채팅은 멈추지 않았다

첫 주문 이후, 몇 번의 주문이 이어지자 나는 묘하게 긴장했다. 팔리는 제품을 통계로 내보니, 신기하게도 아내가 올린 상품이 유독 잘 나갔다. 내가 9개를 올릴 때 아내는 1개 정도 올리는데, 막상 주문으로 이어지는 건 대부분 그녀 쪽이었다. '아, 이건 단순한 운이 아니구나.' 인정할 수밖에 없었다.

아내는 쇼피 정책이나 경쟁가 분석 같은 건 잘 몰랐다. 상품 무게나 수수료 계산은 전부 내 몫이었다. 하지만 아내는 '사람들이 예쁘다고 느끼는 순간'을 알고 있었다. 나는 데이터를 봤고, 아내는 감정을 봤다. 나는 숫자에 집중했고, 아내는 사람에 집중했다. 팔리는 상품은 '이성'

이 아니라 '감정'에서 시작된다는 걸 깨달았다.

그래서 그 후로는 아내가 "이거 올려보자."하면 이유를 묻지 않았다. 전에는 "그런 걸 누가 사?"하며 넘기기도 했지만, 이제는 오히려 아내의 감각에 기대기 시작했다. 그렇게 등록된 제품들은 대부분 예쁜 감성템, 캐릭터 소품, 소위 '핫템'이라 불리는 것들이었다. 나에겐 다소 낯선 세계였지만, 소비자에게는 '갖고 싶은 이유가 있는 물건'이었다.

상품 등록 수가 300개를 넘어서자, 이제 우리 샵도 제법 '샵다운 샵'이 되어 있었다. 쇼피를 시작한 지 정확히 6개월째 되는 달이었다. 드디어 월 순수익 100만 원을 달성했다. 처음 목표였던 '아이들 학원비 벌기'를 6개월째에 달성한 것이다.

하지만 통장 잔고를 확인하면 현실은 전혀 달랐다. 매출이 늘어날수록 재고를 더 사야 했고, 인기 제품은 묶음 단위로 사입해야 했다. 그 과정에서 카드값은 늘어만 갔다. 매출 그래프는 오르는데, 현금흐름은 마이너스로 흘러가던 시기. '적자는 쌓여 있었지만, 이상하게 자신감은 떨어지지 않던 시절'이었다. 나는 알 수 있었다. 지금의 누적적자는 '경험에 투자하는 비용'이라는 걸. 분명 방향은 맞았다. 문제는 아직 속도가 느릴 뿐이다. 그때였다.

하루는 쇼피 채팅창에 반가운 메시지가 도착했다.

　태국 고객 P. 앞으로는 그녀를 그렇게 부르겠다. P가 보낸 링크를 열어보니 곰돌이 캐릭터가 새겨진 전동식 코흡입기였다. 소아과에서 아이 콧물을 기계로 뺄 때 쓰는 바로 그 장치였다. 보기만 해도 시원하지만, 가격은 시원하지 않았다. 무려 21만 9천 원. 쇼피 수수료와 해외 배송비, 그리고 내 마진까지 더하니 판매가는 40만 원이 넘었다. 순간, 초보 셀러의 부정적 습관이 다시 고개를 들었다. '이걸 정말 사겠다고? 이렇게 비싼 걸 누가 사?'

　그래도 혹시나 하는 마음으로 발빠르게 상품 등록을 하고, 구매링크를 보냈다. '분명 대답 없겠지. 아니면 깎아달라 하겠지.' 그렇게 생각하고 있는데, 잠시 후, 메시지 알림이 떴다. 'Done.'

　P는 쇼피 특유의 흥정 한마디 없이 바로 결제했다. 그게 끝이 아니었다. 다음날엔 곰돌이 물놀이용품을, 이틀 뒤엔 어린이 전용 도라지차를 요청했다. 하나같이 내가 평소라면 '이건 도무지 팔릴 가능성이 전혀 없지.'라며 지나쳤을 물건이었다. 처음엔 그저 부자인가 보다 생각했다.

3년이 지난 지금도 그녀는 여전히 내 샵을 찾아온다. 제품 링크를 보내면, 나는 리스팅을 하고, 잠시 후 다시 도착하는 메시지.

'Done.(주문했어요.)'

그 단순한 대화 속에서 나는 궁금해졌다. '이 사람은 왜 이런 걸 사는 걸까?' 그녀의 구매 목록을 유심히 살펴보니 몇 가지 특성이 눈에 들어왔다.

1. 아마 출산한 지 3개월쯤 된 것 같다.

2. 아이 이름은 모르지만, 곰돌이를 유난히 좋아한다.

3. 인스타그램에서 곰돌이 캐릭터를 시그니처로 쓰는 한국 브랜드 두 곳을 팔로우하고 있다.

4. 아이에게 먹이는 것은 언제나 '유기농', '프리미엄', '고급 재료'.

그녀는 단순히 '귀여운 걸 좋아하는 사람'이 아니었다. 그녀의 쇼핑은 감정의 연장선이었고, 그 감정의 중심에는 아이에 대한 사랑이 있었다. 그 순간, 나는 깨달았다. 태국 고객 P와 어쩌면 내 아내가 비슷한 취향을 공유하고 있다는 걸. 그리고 이런 생각이 들었다. '혹시, 이런 취향을 가진 사람이 더 많지 않을까?'

질문이 내 머릿속을 파고들었다. 그리고 나는 처음으로 '이 고객 한 사람'을 넘어서 '한 부류의 사람들'을 상상하기 시작했다. 그게 바로 내가 지금까지 강의에서 이야기해온 '페르소나 전략(Persona Strategy)'의 시작이었다. 쉽게 말하면, 잘 팔릴 상품을 찾는 게 아니라 '내 제품을 좋아해 줄 단 한 사람'을 먼저 떠올리는 전략. 그 한 사람의 감정, 취향, 생활방식을 따라가다 보면 어느새 그와 닮은 수많은 고객이 따라온다.

P는 단순히 물건을 사간 게 아니었다. 그녀는 나에게 사람을 읽는 법을 가르쳐주고 있었다. 그 이후, 나는 상품을 올릴 때 단순히 '무엇을 팔까'가 아니라 '누구에게, 왜 팔까'를 먼저 생각하기 시작했다. 그리고 그 생각은 꿈에만 그리던 월 수익 천만 원을 빠르게 달성시켜 주는 원동력이 되었다.

02

P는 한 명이 아니었다

P가 나에게 요청한 제품은 대부분 내가 모르는 브랜드의 제품이었다. 그녀는 언제나 링크를 보내며 물었다.

"이거 팔 수 있나요?"

나는 늘 그랬듯 일단 리스팅을 했다. 그런데 신기한 일이 벌어졌다. P가 하나를 주문하고 나면, 며칠 안에 그 제품이 다른 고객에게 또 팔리는 것이 아닌가. 처음엔 단순한 우연이라 생각했다. 하지만 '우연'이 반복되자, 나는 '왜 그럴까?'를 생각했다. 내 기준으로는 '이게 왜 팔려?' 싶던 제품들이 P를 통해 시장에 닿으면 실제로 누군가가 또 사는 것이 너무 신기했다. 그때부터 나는 P의 요청을 하나의 데이터처럼 분석하기 시작했다.

이런 흐름은 내가 세워본 가설이었다. 분명한 것은 P가 요청한 제품은 이미 시장의 감각을 대변하고 있었다. 그녀의 취향은 단순한 감정이 아니라, 데이터보다 빠른 시장 감도였던 것이다. 하지만 그 제품을 아직 판매하는 곳이 없었을 뿐이다. 쇼피 고객들은 이미 SNS를 통해 수많은 한국 제품을 보고 있었다. '한국 엄마 살림템' 같은 영상, 귀엽고 감성적인 디자인, 안전하고 세련된 포장. 그런 것들을 좋아하지만, 직접 구매할 방법이 없던 사람들이다. 그래서 P는 나에게 메시지를 보냈고, 나는 그들의 '첫 통로'가 되었다. 초보 시절, 상품 소싱의 뮤즈는 아내였다. 하지만 이제 그 자리는 점점 P로 옮겨가고 있었다. 마치 누군가가 내게 속삭이는 것 같았다.

"이런 제품 올려보세요. 분명 반응 있을 거예요."

물론 언제까지나 P의 메시지에 의존할 수는 없었다. 그래서 생각을 바꿨다. 'P가 좋아할 만한 제품은 무엇일까?'. 그 질문 하나가 나의 방향을 정해주었다. 기준점이 생기니 상품 소싱이 한결 쉬워졌다. 망망대해에서 돌고래를 찾으라고 하면 누구나 막막하다. 하지만 '저 무인도 근처에 돌고래가 자주 나타난다.'라는 단서 하나가 생기면, 그 바다는 더 이상 두렵지 않다. P는 내게 그 단서를 준 사람이었다. 그때부터 나는 밤마다 아이들을 재운 뒤 노트북을 열었고, 나만의 무인도를 찾아 노를 저었다. 상품을 등록할 때마다, 어딘가에서 그 제품을 기다리는 고객 얼굴이 떠올랐다. 그건 단순히 '상품 등록'이 아니라, 사람을 이해하는 연습이었다.

더불어, 주문이 들어오면 나는 단순히 판매만 하는 것으로 끝내지 않았다. 그 주문이 누구의 삶에서 온 것인지 상상했다. 단일 제품 하나만 주문하면 분석이 어렵지만, 수량이 많거나 여러 제품을 함께 주문할 때는 이야기가 달라졌다. 가령, 핑크색 양말 2호와 파란색 양말 3호를 각각 주문한 고객이 있다면, 나는 그 사람의 일상을 그려봤다. '딸과 아들을 키우는 엄마겠구나. 아들이 오빠겠네.' 텀블러를 살 때 대부분은 1개만 산다. 그런데 누군가는 2개를 산다. 그럴 땐 자연스레 상상이 이어

진다. '커플로 맞추려는 걸까?', '아니면 하나는 사무실, 하나는 집에서 쓰려는 걸까?'

가끔은 고객이 직접 힌트를 주기도 했다.

"친구 선물용이라 박스 훼손되지 않게 포장해 주세요."

그 한마디로 나는 그 고객이 어떤 관계 속에서 이 물건을 사고 있는지를 떠올릴 수 있었다. 이런 정보들은 단순한 요청이 아니라, 내 샵을 찾는 사람의 '맥락'을 보여주는 단서였다. 그때부터 나는 내 고객을 상상 속 인물로 그려나가기 시작했다. 그림처럼 생생하게, 하나의 캐릭터처럼. 상상은 틀려도 상관없다. 상상은 당신의 자유다. 하지만 이런 접근이야말로 판매자인 당신의 시야를 넓혀줄 것이다. 그들이 누구인지 알면, 그들에게 무엇이 필요한지 비로소 보이게 된다.

제품을 포장하는 그 시간 동안에 나는 그 상상을 즐겼다. 그런 상상 속에서 그들에게 필요한 제품이 무엇일지를 고민하고 제품을 하나하나 내 샵에 채워갔더니 비슷한 취향과 니즈를 가진 사람이 자연스레 모여들기 시작했다. 이게 바로 팔로워라는 개념이었다. 이제는 단순히 P 한 명이 아니라, P와 닮은 사람들이 자연스럽게 이어지는 연결망이 생겨났다. 그들은 각자 다른 나라에 살지만, 한국 감성과 육아, 그리고 캐릭터 제품을 사랑한다는 공통점으로 묶여 있었다. 그 연결이 내 샵의 토대가 되었다.

싱가포르	🏬 Products: 2.3k	🏠 Followers: 6.3k
	👤 Following: 12	⭐ Rating: 4.9 (4.3k Rating)
	💬 Chat Performance: 100% (Within Hours) ⑦	👤 Joined: 4 Years Ago
대만	🏬 商品: 1,562	🏠 粉絲: 7,890
	👤 關注中: 4	⭐ 評價: 5.0 (4,195個評價)
	💬 聊聊表現: 100% (幾小時內) ⑦	👤 加入時間: 4年 前
	🧾 不成立率: 2% ⑦	
태국	🏬 Products: 1.4k	🏠 Followers: 6.8k
	👤 Following: 4	⭐ Rating: 4.9 (2.3k Rating)
	💬 Chat Performance: 100% (Within Hours) ⑦	👤 Joined: 4 Years Ago
말레이시아	🏬 Products: 1.6k	🏠 Followers: 3.1k
	👤 Following: 2	⭐ Rating: 4.9 (874 Rating)
	💬 Chat Performance: 100% (Within Hours) ⑦	👤 Joined: 4 Years Ago
베트남	🏬 Sản Phẩm: 1,4k	🏠 Người Theo Dõi: 1,9k
	👤 Đang Theo: 3	⭐ Đánh Giá: 4.9 (607 Đánh Giá)
	💬 Tỉ Lệ Phản Hồi Chat: 100% (Trong Vài Giờ) ⑦	👤 Tham Gia: 4 Năm Trước
필리핀	🏬 Products: 1.8K	🏠 Followers: 4K
	👤 Following: 1	⭐ Rating: 4.9 (1.5K Rating)
	💬 Chat Performance: 100% (Within Hours) ⑦	👤 Joined: 4 Years Ago

〈저자가 운영 중인 쇼피 샵의 국가별 제품 등록 수와 팔로워 수〉
(이미지 출처 : 쇼피 6개 마켓 판매 페이지)

그 시기에 말레이시아의 K가 찾아왔다.

P가 '요청형 고객'이었다면, K는 '추천형 고객'이었다. 둘의 차이는 명확했다. P는 스스로 제품을 찾아 "이거 판매할 수 있나요?"라고 말하는 고객이었다면, K는 조건을 제시하고 "이 기준에 맞는 제품을 판매하나요?"라고 요청하는 고객이었다.

솔직히 말하면, 조금 귀찮았다. 하지만 이상하게도 그녀의 요청을 처리하다 보면 판매자로서 내가 한 단계 더 성장하고 있음을 느낄 수 있었다. K의 요구는 꽤나 까다롭고 복잡했다.

"우리 아이는 7개월이에요. 플라스틱을 사용하지 않은 316 스테인리스 재질의 유아용 빨대 텀블러를 찾고 있어요."

〈말레이시아 고객 K에게 받은 채팅 메시지〉
(이미지 출처 : 한국 셀러센터)

그녀는 마치 문제를 내듯 구체적인 조건을 던졌다. 그런데 놀랍게도, 그 조건에 딱 맞는 브랜드는 늘 존재했다. 한국에 이렇게 다양한 브랜드가 있다는 걸 나는 K의 요구를 통해 처음 알았다.

〈말레이시아 고객 K의 까다로운 요구를 모두 만족시킨 제품〉
(이미지 출처 : 한국 셀러센터)

그녀의 요구는 나를 훈련시켰다. 감으로 소싱하던 습관 대신, 기준과 근거로 찾는 습관이 생겼다. 그리고 점점 알게 됐다. 그녀 같은 고객은 단순히 까탈스러운 게 아니라, '신뢰'를 기준으로 소비하는 사람이었다. K의 요구는 까다로웠지만 명확했다. 바로 '안전하고 믿을 수 있는 품질'이었다. 그 기준만 충족된다면, 가격은 문제가 되지 않았다. 이건 단순히 제품 하나를 등록하는 문제가 아니었다. K 같은 고객에게 필요한 건, '한 번의 거래'가 아니라 '일관된 신뢰감'이었다. 내 샵에 찾아온 고객에게 그 신뢰가 자연스럽게 느껴지게 만드는 것, 그게 내가 만든 샵 브랜드의 시작이자, '페르소나 전략'이 진짜로 작동하기 시작한 순간이었다. 그 무렵, 팔로워 수가 어느새 만 명을 넘어섰다. 숫자는 단지 결과일 뿐이었다. 중요한 건 나의 방식이 틀리지 않았다는, 작지만 확실한 증거라는 점이었다.

그리고 이런 깨달음을 얻었다. 사람들은 상품만 사는 게 아니라, 그 상품을 전하는 사람의 마음까지 함께 산다. 그리고 그 마음이 신뢰로 쌓일 때, 비로소 내 샵이 하나의 브랜드가 된다.

03

흥정이라는 낯선 언어

　쇼피를 시작하면서 가장 생소하게 느꼈던 건 동남아 특유의 흥정 문화였다. 동남아 여행을 가면 전통시장에서 처음 부른 가격의 절반까지도 자연스럽게 깎은 기억, 한 번쯤은 있지 않은가. 한국에서는 좀처럼 경험하기 어려운 일이었기에, 그 과정이 왠지 스릴 있고 재미있게 느껴지기도 했다. 과거를 떠올려보면, 국민학교를 다녔던 우리 세대에게도 그런 시절이 있었다. 엄마를 따라간 시장에서 콩나물 한 봉지에 오백 원만 깎아달라며 실랑이를 벌이던 기억. 그땐 괜히 창피했지만, 시간이 지나고 보니 묘하게 따뜻한 추억으로 남아 있다. 한국에서는 사라진 그 풍경이 쇼피에서는 여전히 현재형이다. 쇼피를 운영하다 보면 이런 메시지를 자주 받게 된다.

"할인이 있나요?"

특히 초보 셀러의 샵에는 이런 질문이 더 자주 들어온다. 아마도 고객들은 알고 있는 것 같다. 초보 셀러일수록 잘 깎아준다는 사실을. 그런데 이런 요청이 올 때마다 가격을 깎아주면 어떤 고객이 남게 될까? 아마 '항상 깎아달라고 하는 사람'만 모이게 될 것이다. 그건 내가 만들고 싶은 샵의 모습은 아니었다. 그래서 나는 방향을 조금 바꿨다. 당장의 구매를 성사시키는 것보다, 어떻게 기억에 남을지를 먼저 고민하기 시작했다. 나는 흥정 앞에서 '깎아준다.', '깎아주지 않는다.'라는 두 가지 선택지만 놓고 고민하지 않기로 했다. 대신 제3의 선택지를 만들었다. 예를 들면 이렇게 말하는 방식이다.

"지금은 추가 할인이 어렵지만, 첫 주문을 해주신 고객님은 기억했다가 다음에 다시 방문해주시면 사용할 수 있는 프라이빗 바우처를 꼭 준비해둘게요.".

당장의 할인 요청에는 응하지 않지만, '다음 만남에 대한 기대감'은 남기는 방식이다. 만약 완곡하게 거절만 하고 끝내면, 그 고객은 다시 내 샵을 찾지 않을 가능성이 크다. 하지만 '다음엔 당신을 위해 준비해두겠다.'라는 메시지는 여지를 남긴다. 언젠가 그 고객이 '한국 제품 하나 부탁하고 싶은데…'라는 생각이 들었을 때, 머릿속에 가장 먼저 떠오르는 샵이 되기를 바라면서 말이다.

반대로 흥정을 받아들이기로 결정한 셀러가 가장 많이 고민하는 질문은 이거다. '얼마나 깎아줘야 할까?'

하지만 포인트는 금액이 아니다. 크게 깎아준다고 해서 반드시 좋은 인상이 남는 것도 아니다. 오히려 마진만 줄어들 뿐이다. 할인을 해주기로 했다면, 이렇게 말해보는 건 어떨까.

"이 제품은 재고가 많지 않아서 큰 할인은 어렵지만, 특별히 요청하셨으니 이 정도의 바우처를 제공해 드릴게요." 혹은, "원가와 배송비 구조 때문에 더 큰 할인은 어렵지만, 고객님이 먼저 문의하셔서 제가 할 수 있는 최대한으로 조정해 드릴게요."

이유를 설명하는 태도, 깎아주지 못해 미안하다는 마음을 전하는 방식. 그게 훨씬 오래 남는다. 동남아 고객이니까 '조금만 깎아줘도 되겠지', '아니야, 그래도 너무 적은 것 아닌가?' 이렇게 너무 깊이 고민할 필요가 없다. 중요한 건 할인을 해주는 행위 자체가 아니라, '당신은 특별하게 대우받고 있다.'라는 느낌이다. 그 감정이 훨씬 깊이 기억에 남는다. 흥정에는 정답이 없다. 중요한 건 각자만의 방식을 만들어가는 일이다. 흥정은 피해야 할 귀찮은 일이 아니라, 쇼피에서만 경험할 수 있는 하나의 언어이자 문화다. 한국에서는 더 이상 보기 힘든 장면을, 우리는 쇼피에서 매일 마주하고 있다. 가격을 깎았는지 아닌지보다, 그 대화가

끝난 뒤 고객의 기억 속에 내 샵이 어떤 모습으로 남았는지, 그걸 한 번
쯤은 돌아봤으면 좋겠다.

최저가의 무대에서 내려와
진심의 무대로 오르다

나는 연기학원을 운영했지만, 사실 연극 연출을 본업으로 여기며 살아왔다. 아이들 아빠로서 녹록지 않은 현실을 타개하기 위해 쇼피를 시작했지만, 가슴 한켠에는 늘 '무대'에 대한 향수가 남아 있었다.

나는 네이버나 쿠팡에서 판매를 해본 적은 없지만, 그 시장의 구조는 익히 알고 있었다. 국내 플랫폼은 기본적으로 가격과 상품 중심의 구조다. 누가 더 싸게 파느냐, 누가 더 많은 리뷰를 쌓느냐가 성패를 좌우한다. 노출은 광고비와 알고리즘이 결정하고, 판매자는 그 시스템 안에서 순위를 위해 끊임없이 경쟁한다. 가격이 조금만 비싸도 클릭조차 받기 어렵고, 리뷰가 적으면 품질이 아무리 좋아도 묻혀버린다.

　그 구조를 지켜보며, 나는 그 시스템이 마치 '대극장' 같다고 느꼈다. 조명도, 음향도, 대본도 완벽히 세팅된 공간. 배우는 정해진 대본대로 움직이고, 관객은 정해진 좌석에 앉는다. 그곳에서는 '얼마나 정확히 연기하느냐'가 실력이다. 이런 구조에서는 '가격'과 '리뷰 수'가 조명이 되고, '검색 노출'이 무대의 크기가 된다. 즉, 시스템이 만들어 놓은 안정적인 신뢰의 무대에서 누가 주연을 맡고, 누가 조연이 되며, 누가 단 한 장면이라도 잡히는 단역이 되느냐가 결국 성패를 가르는 구조다. 하지만 나는 알고 있었다. 그 대극장에서는 나는 주연도, 조연도, 단역도 되기 어렵다는 걸. 아마 무대 뒤에서 대기하다가 출연 기회조차 얻지 못하는 '언더스터디(대기 배우)' 정도일지도 모른다.

　그래서 나는 생각을 바꿨다. '대극장은 아니어도, 내가 출연할 수 있는 기회가 주어지는 무대라면 해볼 만하지 않을까?' 그게 쇼피였다. 쇼피는 야외무대처럼 예측 불가능하지만, 훨씬 더 큰 무대였다. 무대의 크기는 5천만 명이 아니라 7억 명, 즉 한국 시장의 열네 배였다. 날씨는 수시로 바뀌고, 바람도 불고, 때론 조명이 꺼지고 마이크가 울릴 때도 있었다. 하지만 그 불안정함 속에 누구에게나 기회가 주어지는 무대가 숨어 있었다.

　비록 나는 주연은 아니었지만, 진심 어린 한마디로 관객의 마음을 움직이는 씬스틸러. 단역이라도 '존재감 있는 단역'으로 남을 수 있는 무대. 쇼피는 그런 가능성이 있는 곳이었다. 그리고 이 무대에서 중요한 건 대본이 아니라 '즉흥'이었다. 관객의 표정을 읽고, 바람의 방향을 느끼며 톤을 조절해야 하는 무대. 여기서는 '가격'보다 '감정'이 통한다. 단순히 상품을 올리는 것이 아니라, 그 상품을 필요로 하는 사람의 이유를 함께 전해야 했다. 그래서 나는 쇼피를 숫자와 알고리즘의 공간이 아니라, 사람의 마음이 먼저 도착하는 무대로 보기 시작했다.

어느 날 이런 메시지가 왔다.

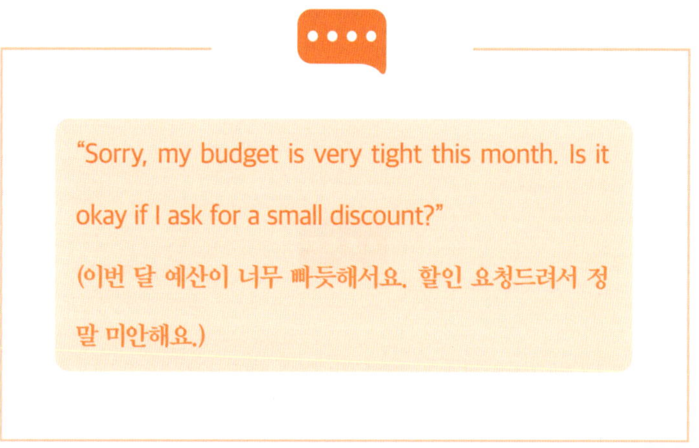

말레이시아의 K였다. 가격을 깎으려는 메시지였지만, 이상하게도 그 문장에는 조심스러움이 먼저 느껴졌다. '싸게 사려는 사람'이라기보다 미안함을 먼저 전하는 사람 같았다. 또 다른 메시지는 이랬다.

그 순간 나는 '이 주문은 배송 건이 아니라 한 아이의 생일을 위한 선물이구나.'라는 생각이 들었다. 며칠 뒤에는 이런 문의도 왔다.

지금 당장 사지 못하는 사람. 그래도 미리 묻는 사람. 나는 이 메시지에서 20대 후반의 내 모습을 떠올렸다.

그때부터 운영의 기준이 바뀌었다. 그전까지의 나는 어떤 옵션이 더 잘 팔리는지, 어떤 가격대에서 전환이 일어나는지 같은 숫자를 먼저 보고 있었다. 하지만 이런 메시지들을 반복해서 마주하면서 생각이 달라졌다. '이 제품은 누구의 어떤 하루에 들어가는 물건일까?' 그 질문 이후로 나는 상세페이지에도 내 생각을 담아내기 시작했다.

단순 번역형 상세 설명 (초기)

> 'Cute silicone lid made of food-grade silicone.'.
> (식품 등급 실리콘으로 만든 귀여운 실리콘 뚜껑입니다.)
>
> 'Can be used for cups and bowls.'.
> (컵이나 그릇에 사용할 수 있습니다.)

정보는 정확하지만 이 문장들만으로는 그 말레이시아 엄마도, 아이 생일을 준비하던 그 사람도 보이지 않았다.

사람을 떠올리며 바꾼 상세 설명

'Perfect for moms preparing snacks for their kids.'
(아이 간식을 준비하는 엄마에게 딱 맞는 제품입니다.)

'Microwave-safe with a steam hole — no worries about pressure or spills.'
(스팀홀이 있어 전자레인지 사용 시 넘침이나 압력 걱정을 덜어줍니다.)

'A small lid that quietly fits into everyday family routines.'
(가족의 일상에 자연스럽게 스며드는 작은 뚜껑입니다.)

같은 제품이었지만, 이제는 '제품 설명'이 아니라 사용될 장면을 미리 보여주는 문장이 됐다. 신기하게도 그렇게 '사람을 읽는 방식'으로 운영하자 오히려 숫자가 채워지기 시작했다. 팔로워가 늘고, 리뷰가 쌓이고, 알고리즘이 내 샵을 더 자주 노출시켰다. 결국 '감정'을 먼저 채우니 '데이터'가 따라온 셈이었다.

그때부터 기준이 완전히 달라졌다. '얼마나 싸게 파느냐'보다 '얼마나 진심으로 연결되느냐', '얼마나 많이 팔았느냐'보다 '얼마나 오래 기억되느냐'

어느 날, 꾸준히 팔리던 제품의 주문량이 폭증했다. 혹시 도매 단가를 받을 수 있을까 싶어 전화 울렁증이 있는 나 대신 아내가 제조사에 연락했다.

“우리가 쇼피에서 귀사의 제품을 수출하고 싶은데, 혹시 도매로 가능할까요?”

제조사의 대답은 이랬다.

“네, 천만 원씩 주문하시면 가능합니다.”

그건 곧 사지 말라는 뜻이었다. 한 제품당 천만 원. 열 가지 제품만 사도 1억 원이다. 그걸 감당할 수 있는 1인 셀러가 얼마나 될까? 그게 우리 대부분의 현실이다. 적은 자본과 한정된 시간. 그 안에서 500원, 1,000원, 1,500원 싸게 파는 경쟁이라면 결국 가장 독한 사람만 살아남는 구조다. 하지만 나는 그런 방식으로는 오래가지 못할 걸 알고 있었다. 그래서 다른 길을 택했다. 숫자가 아닌 감정을 기준으로, 한 명의 고객과 진심으로 채팅하고 그들이 원하는 제품을 찾아주는 방식. 그게 내 쇼피의 기준이 되었다. 그렇게 내 샵의 ‘찐팬’이 한 명이 열 명이 되고, 열 명이 백 명이 되고, 백 명이 천 명, 만 명으로 늘어났다.

그건 단순히 상품을 떼다 파는 리셀링이 아니었다. 나는 그들 속에서 나만의 ‘관계형 쇼피’를 만들어갔다. 내가 올린 상품을 통해 누군가의 일상이 바뀌고, 그들이 “당신 샵엔 사고 싶은 게 많아요.”라고 말해주는 순간, 나는 단순한 판매자가 아니라 ‘무대 위 배우’가 된 느낌이었다. 고객이라는 관객 앞에서, 한 줄 한 줄 대사를 다시 고치며.

쇼피는 결국, 무대를 어떻게 활용하느냐의 문제였다. 누군가에겐 비바람이 몰아치는 실패의 공간이지만, 누군가에겐 인생의 장면을 새로 쓰는 무대가 될 수도 있다. 그 차이는 단 하나. 대본에 얽매이지 않고, 자신의 이야기를 쓸 수 있느냐다. 나는 연극을 통해 '대본에 없는 대사'를 읽는 법을 배웠다. 그리고 쇼피에서도 똑같았다. 숫자와 알고리즘 뒤에 숨어 있는 '사람의 마음'을 읽는 일. 그게 내가 살아남은 이유였고, 결국 숫자가 내 편이 된 이유였다.

| 쇼피 싱가포르 최저가 제품
약 3만 1천 원 / 23개 판매 | 저자가 판매 중인 동일 제품
약 4만 6천 원 / 166개 판매 |

〈쇼피 싱가포르에서 판매 중인 동일 제품의 판매 건수 비교〉
(이미지 출처 : 쇼피 싱가포르 판매 페이지)

내게 찾아온 또 다른 변화

숫자 대신, 기억으로 남다

"이 샵에서는 세 번째 구매예요."

"이 샵에서는 첫 구매인데, 제품이 잘 작동했으면 좋겠어요."

"항상 정성스럽게 보내주셔서 감사합니다."

고객 리뷰에 하나하나 답하던 시절이 있었다. 하지만 주문이 늘자 소통은 뒤로 밀렸다. 포장을 해야 했고, 리스팅을 해야 했고, 하루를 버텨내는 게 더 급했다. 그런데 어느 날 문득 저런 리뷰를 읽으며 생각이 멈췄다. '아, 이 사람들이 내 샵을 기억하고 있구나.' 단순히 물건을 산 게 아니라, '우리 샵'을 기억하고 다시 찾아오는 사람들이었다. 그 순간,

내 마음에도 변화가 생겼다. 무언가를 '팔아치우는' 사람이 아니라, 한국의 좋은 제품을 가장 먼저 소개해주는 사람이 되고 싶었다. 그때부터 나는 '판매자'에서 '소개하고 추천하는 사람'으로 바뀌기 시작했다. 그래서 강박을 내려놓았다. 리스팅이 곧바로 매출로 이어지지 않아도 된다. 내 샵을 구경하게 만들자. 체류 시간이 늘면 샵의 건강함도 따라온다. 쇼피는 생각보다 판매자 행동 데이터를 세밀하게 본다. 숫자는 결국 '관계'의 흔적을 따라온다.

쇼피 감성의 완성은 '온도'. 어떤 샵은 '가격'만 남지만, 어떤 샵은 '느낌'이 남는다. 다시 찾게 되는 곳, 그게 바로 쇼피의 매력이다. 가격보다 관계, 상품보다 온도. 계산이 아니라 감정이 만든 신뢰였다.

처음부터 이걸 알았던 건 아니다. 주문이 늘어나면서 문제가 생겼다. 정성을 챙기려 할수록 시간이 걸렸고, 시간이 걸릴수록 체력이 먼저 바닥났다. 하루 주문 20건까지는 그럭저럭 괜찮았다. 포장을 한 번 더 확인하고, 사은품을 고르며 '이 정도면 괜찮겠지.' 하고 넘길 수 있었다. 하지만 하루 50건을 넘기자 상황이 달라졌다. 나는 속도를 생각했고, 아내는 정성을 포기하고 싶어 하지 않았다.

"이 정도면 충분하지 않을까?"

"그래도 너무 공장 같아 보이면 안 돼."

그렇게 우리는 부딪혔다. 그리고 하나의 결론에 도달했다. 정성을 지속하려면, 정성을 노동이 아니라 구조로 만들어야 한다는 것이었다. 그래서 '매번 다르게 챙기는 방식'을 포기했다. 대신 정성이 가장 잘 전달되는 지점만 남겼다.

먼저 메시지부터 구조화했다. 땡큐 카드는 모두 같은 문구였지만, 한글을 섞은 문장과 톤을 사용해 '한국 셀러가 보이는 메시지'가 되도록 설계했다. 매번 새로운 문장을 쓰지는 않았지만, 그렇다고 아무 생각 없이 찍어내지도 않았다. 이 문장이 어떤 고객에게 어떤 인상으로 남을지를 기준으로 한 번 정해두고, 그대로 유지했다. 사은품도 같은 방식으로 접근했다. 그날그날 고민하지 않기 위해 아예 기준을 만들었다. 아이 용품에는 캐릭터 밴드, 주방·리빙 제품에는 전통차 티백, 가벼운 소품에는 비타민 캔디. 즉, '누가, 어떤 이유로 이 제품을 샀을까'를 기준으로 사은품의 맥락을 미리 설계한 것이다. 선택은 자동화했지만, 기준은 감정적으로 설계했다. 이 방식은 속도를 해치지 않으면서도 정성이 완전히 사라지지 않는 절충점이었다. 변화는 서서히, 하지만 분명하게 나타났다. 리뷰의 결이 달라졌다. "배송이 빨라요." 대신 "사은품이 센스 있어요.", "포장이 깔끔해서 기분이 좋았어요." 같은 리뷰가 늘어나기 시작했다. 재구매 고객도 눈에 띄게 늘었다. 정확한 숫자를 말하긴 어렵지만, 새로운 주문이 들어올 때마다 구매 이력을 보면 반복 구매자가 눈에 띄기 시작했다. 팔로워 증가 속도 역시 큰 프로모션 없이도 꾸준히 유지됐다.

이 모든 변화는 더 팔기 위한 장치가 아니라 다시 찾아오는 이유를 만들기 위한 시도였다. 그때부터 숫자보다 이름이, 매출보다 신뢰가 더 중요해졌다. 100명 중 1명이 알아봐도 충분했다. 한 사람이 바뀌면, 그 한 사람이 또 다른 변화를 만들어 낼 테니까 말이다.

버는 만큼 잃던 시절, 그래도 버텼다

부업으로 쇼피를 운영하던 시절, 월 순수익 800만 원을 기록하고 있었다. 숫자만 놓고 보면 그럴듯했지만 체감은 묘하게 옅었다. 쇼피 수익은 연기학원 적자를 메우는 구조였고, 생활이 확 달라졌다는 느낌을 가져볼 틈은 없었다. 포장 알바를 쓸 여유도 없어 아침부터 저녁까지 사무실에서 아내와 포장만 하던 날의 연속이었다. 테이프를 자르고 송장을 붙이며 이런 생각을 했다. '이게 내 인생의 전부가 되면 안 되는데.'

그 무렵 쇼피코리아에서 '셀러 스토리'를 모집한다는 공지가 올라왔다. 큰 기대는 없었지만 그날따라 큰아들 얼굴이 떠올랐다. 유튜브에 나오는 사람을 유난히 대단하게 보는 아이였다. '아빠가 유튜브에 나오면 좋아하겠지?' 그 정도의 마음으로 담담히 에세이를 써서 지원했고, 한 달쯤 뒤 쇼피코리아에서 연락이 왔다.

촬영은 생각보다 담담하게 진행됐다. 이런저런 이야기를 많이 했는데, 편집된 영상의 핵심 메시지는 두 가지였다. 하나는 '부업으로 시작해 월 순수익 800만 원을 만들었다.'라는 이야기, 다른 하나는 '쇼피는 내가 해본 일 중 가장 쉬운 일이었다.'라는 것이었다. 영상이 공개된 뒤 반응은 빠르고 강했다. 조회수는 단기간에 크게 늘었고, 쇼피 셀러 사이에서는 "한 번쯤은 다 봤다."라는 말이 돌았다. 쇼피코리아 입장에서는 신규 셀러 유치 홍보에 더없이 좋은 사례였을 것이다.

반응은 엇갈렸다. 누군가는 영상 덕분에 "용기가 생겼다."라고 했고, 누군가는 "말이 안 된다."라고 했다. "하루 2시간 일하고 800만 원이 가능하냐.", "연기학원 운영했다더니 연기자를 고용한 것 아니냐."라는 비아냥도 들렸다. 촬영 당시 "하루에 몇 시간 정도 일하시나요?"라는 질문을 받았을 때, 나는 내가 컴퓨터 앞에 앉아 있는 시간, 즉 상품 등록과 CS에 집중하는 시간을 기준으로 약 2시간 정도라고 답했다. 학원과 쇼피, 두 가지 사업을 동시에 해야 하는 우리 부부는 역할을 나눠 움직이고 있었다.

하지만 이 말은 자칫 '하루 2시간만 일해도 월 800만 원을 벌 수 있다.'라는 의미로 받아들여지기 쉬웠다. 실제로는 그렇지 않았다. 쇼피를 막 시작했던 초보 셀러 시절에는 나 역시 거의 하루 종일 쇼피를 붙잡고 살다시피 했다. 상품을 찾고, 올리고, 실패하고, 다시 수정하는 일의 반복이었다.

유튜브 쇼츠 특성상 '이렇게 되기까지의 시간'은 편집 과정에서 대부분 빠지고 결과만 압축된 문장으로 남았다. 그 과정에서 의도와는 다르게 메시지가 전달되었을 가능성이 컸다고 지금에 와서야 차분히 돌아본다. 그래서 이 책의 지면을 빌려 그 맥락을 조금 더 정확히 남기고 싶었다. 지금의 효율은 갑자기 생긴 것이 아니라 초보 시절의 몰두와 시행착오 위에 천천히 쌓인 결과였다는 점을.

또 하나, "쇼피가 가장 쉬웠다.'"라는 말 역시 오해를 낳았다. 내가 그동안 해왔던 일은 혼자 잘한다고 되는 일이 아니었다. 한 편의 연극이 만들어지기까지는 배우와 연출, 각 분야의 스태프들, 그리고 관객까지 함께 움직여야 한다. 연기학원도 마찬가지였다. 연기·보컬·무용 선생님, 학생과 학부모까지 감정노동과 협업이 필수적인 구조다. 반면 쇼피는 달랐다. 기본 구조만 이해하면 결과는 오롯이 나의 선택과 실행 밀도에 따라 달라졌다. 그런 의미에서 '이보다 더 단순한 구조는 없었다.'라는 표현을 쓴 것이었다.

처음엔 이런 말들이 사람들 입방아에 오르내리는 게 불편했다. 하지만 어느 순간부터는 신경 쓰지 않게 됐다. 생각의 차이까지 모두 설득하려 들기엔 삶은 이미 충분히 복잡하다는 걸 나는 잘 알고 있었다. 돌이켜보면 그 영상은 나에게 하나의 자극이었다. 먹고사는 정도에 만족하며 유지하던 상태에서 다시 한번 속도를 올리게 만드는 계기가 됐다. 이후 쇼피 강의를 시작하며 나의 이야기에 공감하는 사람이 생각보다 너무나 많다는 것을 알게 됐다. 그리고 누군가는 단순한 정보가 아니라 방향을 보고 싶어 한다는 사실을.

내가 가야 할 방향은 '더 잘 버는 셀러'가 아니라 '이 과정을 언어로 정리할 수 있는 사람'이 되는 쪽이라는 것을 나는 그 일련의 경험을 통해 확신하게 됐다. 쇼피가 내 삶을 바꿔줬다기보다 내가 쇼피를 대하는 태도를 다시 정리해준 경험에 가까웠다.

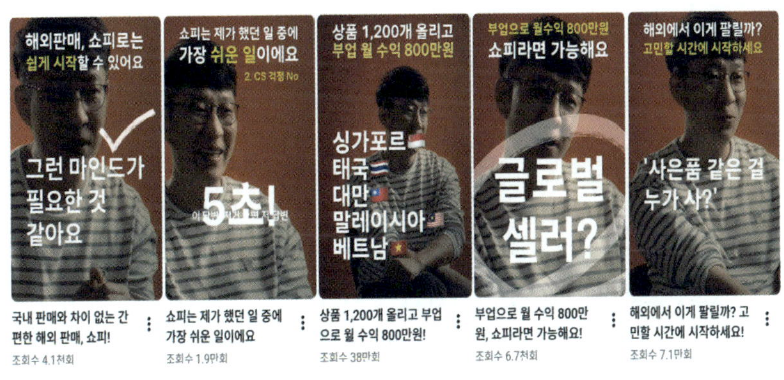

〈쇼피코리아 유튜브 쇼츠 출연 화면〉
(이미지 출처 : 쇼피코리아 공식 유튜브)

다시 불타오르다

그 영상 이후, 작업 방식이 조금 달라졌다. 상품 하나를 올릴 때도

문장 한 줄을 쓸 때도 이런 생각이 들었다. '누군가 이걸 보고 그대로 따라 할지도 모른다.'

괜히 더 꼼꼼해졌다. 이미지 한 장을 고를 때도 더 고민했고, 설명은 한 줄 더 다듬었다. 그 시기를 기점으로 수익은 월 천만 원을 넘겼고, 어느새 1,500만 원이라는 숫자까지 닿아 있었다. 숫자는 분명히 말해주고 있었다. 이제 선택의 문제라는 것을.

전업을 고민하던 시점, 연기학원을 접는다는 건 우리 부부에게 단순한 업종 변경이 아니었다. 그건 일탈을 넘어서는 선택이었다. 우리는 스무 살 이후 줄곧 예술이라는 세계 안에서 살아온 사람이었다. 연기학원은 단순한 생계 수단이 아니라 예술과 완전히 끊어지지 않게 해주는 마지막 끈 같은 공간이었다. 돈으로만 보면 답은 명확했다. 적자는 쌓여가고 있었고, 쇼피 수익은 이미 학원 수입을 넘어선 지 오래였다. 하지만 그 공간은 신혼 시절부터 하나하나 쌓아 올린 우리의 시간이자 정체성과도 같은 장소였다. 학원을 접는 게 '예술을 내려놓는 것'처럼 느껴졌다. 그래서 쉽게 결정하지 못했다. 결국 기준은 하나로 모아졌다. 무엇을 지킬 것인가. 학원을 지키는 일과 가족을 지키는 일 사이에서 나는 처음으로 분명한 목소리를 냈다.

"이제는 공간보다 사람이 먼저인 것 같아."

아내도 고개를 끄덕였다. 우리 둘 다 알고 있었다. 이 선택이 쉽지 않다는 것도, 하지만 더 이상 미루기엔 너무 오래 버텨왔다는 것도. 우리는 2025학년도 정시 입시를 마지막으로 연기학원 문을 닫기로 결정했다. 그날은 담담했다. 울지도, 크게 아쉬워하지도 않았다. 다만 오래 들고 있던 무언가를 조심스럽게 내려놓는 기분이었다. 쇼피 34개월째, 나는 전업 항해를 시작했다. 무대를 떠난 게 아니라 무대를 옮긴 것에 가까웠다. 예술을 버린 것이 아니라 표현 방식이 달라졌을 뿐이었다. 누군가의 인생을 바꾸는 연출에서 누군가의 선택을 돕는 설계로. 그 변화는 조용했지만 확실했다. 이제 변화의 방향은 시장이 아니라 나 자신을 향해 있었다.

CHAPTER 3

주문부터 정산까지, 셀러의 하루 따라잡기

쇼피는 누구나 시작할 수 있는 플랫폼이다. 하지만 이상하게도, 대부분의 사람은 가입 이후에서 멈춰 선다. '사업자등록증도 냈고, 계정도 만들었는데... 이제 뭐 하지?' 바로 그다음 단계에서 막히는 것이다. 가입 과정 자체는 어렵지 않다. 쇼피코리아 공식 홈페이지(https://shopee.kr)에 들어가서 간단한 정보만 입력하면 누구나 판매자 계정을 만들 수 있다. 가입은 10분이면 끝나지만, 첫 상품을 등록하기까지는 며칠이 걸린다. 그만큼 두려움과 막막함이 앞서기 때문일 것이다.

이 챕터에서는 그 '10분 이후의 세계'를 다룬다. 이제 당신의 손끝에서 하나의 샵이 만들어질 것이다. 두려워하지 말자. 상품 등록은 생각보다 훨씬 단순하다. 순서만 익히면 누구나 할 수 있다. 그 순서를 지금부터 차근차근 따라가 보자.

01

상품 등록, 이 순서대로 하면 된다

쇼피에 상품을 올리기 전에 준비해야 할 건 의외로 간단하다. 딱 두 가지다. 첫째, 정사각형의 제품 이미지. 둘째, 영문 제목과 상세 설명. 나는 첫 제품으로 한미약품의 텐텐을 골랐지만, 단 한 개도 팔지 못했다. 그래도 괜찮았다. 그건 단지 첫걸음일 뿐이었다. 당신도 일단 집에 있는 무언가, 작은 소품이든 선물로 받은 미개봉 제품이든, 판매할 제품을 하나 정했다면 이제 본격적으로 등록하는 방법을 배워보자.

Step 1. 이미지 준비 — 고객의 손가락을 멈추게 하라

쇼피 소비자는 텍스트보다 사진에 훨씬 빠르게 반응한다. 모바일 쇼핑 특성상 스크롤이 빠르기 때문에, 결국 고객의 손가락을 멈추게 만드는 건 이미지다. 그래서 섬네일 한 장이 곧 당신 제품의 첫인상이다. 이미지는 총 9장까지 등록 가능하다.(옵션 상품이 있다면 각 옵션별 이미지를 추가할 수도 있다.)

그중 첫 번째 섬네일은 클릭을 유도하는 가장 중요한 얼굴이다. 해상도는 1024×1024픽셀의 정사각형으로 맞추자. 나는 쇼피 상품 이미지를 넣을 때 '예쁜 순서'가 아니라 고객의 시선이 이동하는 순서를 먼저 생각한다.

〈쇼피 상품 등록 시 사진 배치 순서 예시. 이미지 순서는 상단 왼쪽부터 첫 번째〉
(이미지 출처 : 쇼피 판매 페이지)

위 이미지는 내가 실제로 꽤 많은 판매를 기록한 곰돌이 푸 이유식 보관 용기 상품의 9장 이미지 구성 예시다. 이 상품은 '주방 용기'이기도 하고 '베이비 제품'이기도 하며 '선물용'이기도 한 제품이다. 그래서 이미지 하나하나에 역할을 부여했다.

섬네일 – 시선을 멈추게 만드는 장치

첫 번째 이미지는 설명하지 않는다. 멈추게만 한다.

이 상품의 섬네일은 곰돌이 푸 캐릭터가 한눈에 들어오도록 위에서 내려다본 캐릭터 컷, 용기만 누끼를 딴 이미지를 함께 배치했다. 동남아 시장에서는 텍스트보다 캐릭터·표정·색감이 먼저 작동한다. 섬네일의 역할은 '이게 뭐지?'라는 0.5초짜리 호기심을 만드는 것이다.

두 번째 이미지 – 현지 수요를 '사진으로 번역'

이 이미지는 내가 고객 채팅을 통해 알게 된 동남아 수요에서 시작됐다. 동남아 고객은 전자레인지 사용 빈도가 매우 높고, Microwave-Safe(전자레인지 사용 가능) 여부에 유독 민감하다.

그래서 '전자레인지에 넣어도 된다.'라는 문장을 쓰는 대신 직접 전자레인지 안에 들어가는 사진을 넣었다.

세 번째 이미지 – 냉장고 욕구 자극

이 사진은 기능 설명이 아니라 욕구 자극이다. 정리된 냉장고 안에 깔끔하게 쌓여 있는 용기 컷을 통해 고객이 이렇게 상상하게 만든다.

'우리 집 냉장고도 이렇게 정리되면 좋겠다.'

쇼피 이미지의 핵심은 '제품 설명'보다 사용 후의 장면을 보여주는 것이다.

네 번째 이미지 – 용도 전환 + 용량 감각

이 컷은 이 제품이 단순 보관 용기가 아니라 이유식 용기로도 쓰일 수 있음을 보여준다. 숟가락과 함께 담긴 모습은 정확한 mL(밀리리터) 설명보다 '이 정도 양이구나.'라는 느낌을 먼저 전달한다.

다섯 번째 이미지 – 패키지는 신뢰다

패키지 컷은 필수다. 특히 이 제품은 선물 구매 비중이 높다. 패키지가 있다는 것만으로도 정품 느낌, 브랜드 관리 느낌, 선물 가능성이 동시에 전달된다.

여섯 번째 이미지 – 전체 인상 정리

앞에서 여러 기능과 장면을 보여줬다면 이 이미지는 한 번 숨을 고르는 컷이다.

'아, 이런 제품이구나.' 하고 머릿속을 정리해주는 역할을 한다.

일곱 번째 이미지 – 디테일은 불안을 없앤다

전자레인지 사용이 가능한 용기라는 사실을 문장이 아니라 조작 장면 자체로 보여주기 위한 사진다. 뚜껑 위 스팀홀을 손으로 간편하게 열고 닫을 수 있다는 점, 그리고 전자레인지 사용 시 증기가 자연스럽게 빠져나가도록 설계되어 있다는 점을 한눈에 이해시키기 위해 이 컷을 넣었다.

"전자레인지에 그냥 넣어도 됩니다."라고 말하는 것보다 '이렇게 열고 쓰시면 됩니다.'를 보여주는 편이 훨씬 빠르다. 이 컷이 하는 일은 설명이 아니라 안심이다.

여덟·아홉 번째 이미지 – 숫자는 마지막에

사이즈 정보는 앞에 두지 않는다. 고객이 필요하다고 느끼고, 쓰임을 이해한 뒤 마지막에 확인하는 것이 사이즈와 수치다. 그래서 정보 이미지는 항상 뒤쪽에 배치한다.

다시 정리하자면, 나는 이미지 9장을 이런 흐름으로 활용한다.

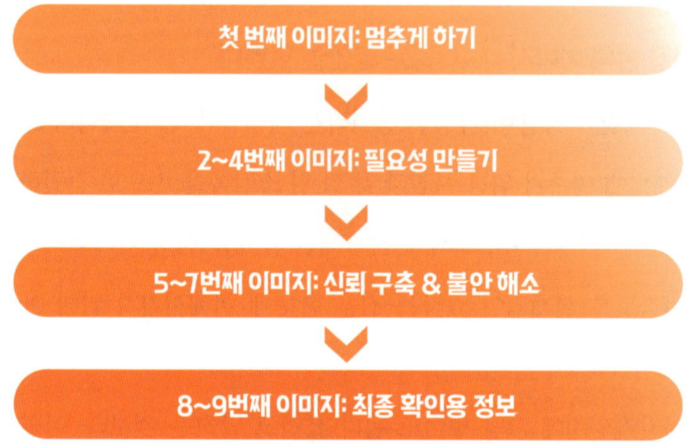

사진을 많이 넣는 게 중요한 게 아니다. 사진마다 역할이 있는지가 중요하다. 그래서 활용할 사진이 부족하다면 억지로 9장을 채우지 않아도 된다. 중복되거나 화질이 떨어지는 이미지는 오히려 신뢰를 깎는다.

간혹 섬네일에 너무 많은 정보를 담으려는 경우가 있다. 하지만 스마트폰 화면은 크지 않다는 사실을 잊지 말자. 한눈에 느낌이 오는 감각적인 이미지면 충분하다. 한국 쇼핑몰에만 익숙한 셀러라면 흰 배경, 정제된 구도, 제품 중심의 섬네일이 가장 안전한 선택처럼 느껴질 것이다. 나 역시 처음엔 그 방식을 그대로 가져왔다. 하지만 쇼피에서 실제로 마주한 섬네일은 전혀 달랐다.

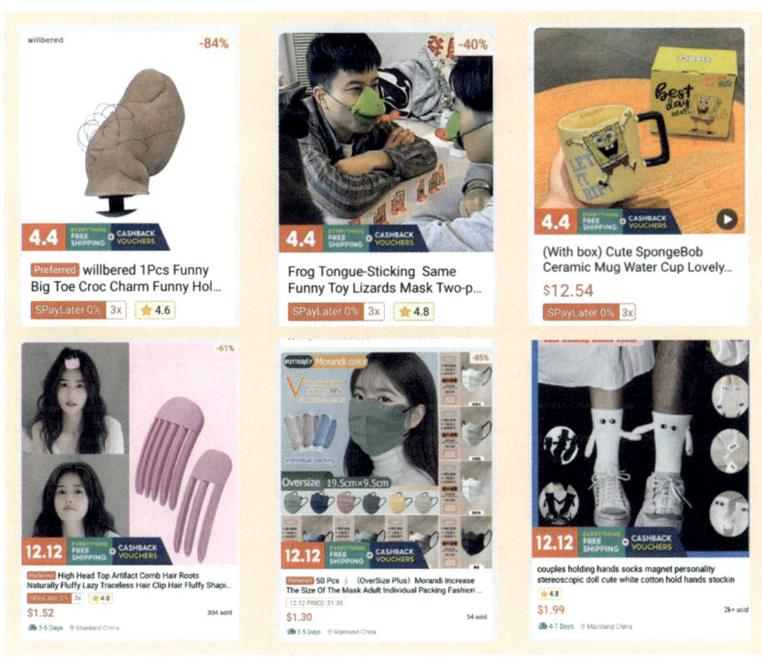

〈쇼피 싱가포르의 로컬 셀러 및 중국 셀러들의 섬네일〉

(이미지 출처 : 쇼피 판매 페이지)

로컬 셀러들의 섬네일은 훨씬 자유롭다. 굵은 문구가 이미지 위에 올라가 있고, 색 테두리가 둘러져 있으며, 가격·용도·강조 포인트가 한눈에 보이도록 배치돼 있다. 이 섬네일들 사이에 한국식으로 얌전한 제품 컷 하나를 올려두면 솔직히 말해 눈에 띄기 어렵다. 그래서 나는 생각을 바꿨다. '예쁘게 보이자.' 뿐만 아니라 '스크롤을 멈추게 하자.'로 기준을 옮겼다.

섬네일에 문구를 넣고, 제품의 핵심 포인트를 한 줄로 정리하고, 캐릭터 상품이라면 캐릭터를 전면에 드러냈다. 정제된 구도를 버렸다기보다 이 시장의 시선과 속도에 맞춘 것이다. 중요한 건 개성을 무조건 드러내라는 말이 아니다. 쇼피에서는 '조용한 완성도'보다 '즉각적인 이해'가 먼저 작동한다. 이 시장에서 섬네일은 포스터에 가깝다. 자세히 보기 전에 먼저 고객의 눈에 걸려야 한다.

그래서 나는 지금도 제품 성격에 따라 전략을 나눈다. 프리미엄 제품은 정제된 이미지를 유지하고, 생활용품·캐릭터·선물용 제품은 섬네일에서부터 말을 걸게 만든다. 쇼피의 섬네일 경쟁은 '누가 더 잘 만들었는가'의 싸움이 아니라 '누가 먼저 멈추게 만드는가'의 싸움에 가깝다. 그리고 이 점을 받아들이는 순간, 섬네일은 더 이상 디자인 문제가 아니라 판매 전략의 첫 줄이 된다.

'쇼피 감성'은 글로 배우기보다 직접 경험해야 이해된다. 인터넷 주소창에 shopee.sg를 입력해보자. 그게 싱가포르 쇼피다.

shopee.tw - 대만

shopee.co.th - 태국

shopee.my - 말레이시아

shopee.vn - 베트남

shopee.ph - 필리핀

shopee.com.br - 브라질

shopee.com.mx - 멕시코

이렇게 각 나라의 쇼피로 들어가서 여러 상품의 섬네일을 찾아보면서 쇼피 감성을 눈으로 익혀보자. 이건 이론이 아니라 감각의 영역이다.

Step 2. 이미지 편집 — 생각보다 쉽다

포토샵이 없어도 괜찮다. 미리캔버스나 캔바(Canva) 같은 무료 툴로 충분하다. 툴을 다루는 것에 익숙하지 않거나 어렵게 느껴진다면 유튜브에 검색하면 무료 강의가 수없이 나온다. 처음엔 단순하게 시작하자. '사진 자르고, 글자 얹기' 정도면 충분하다. 단순한 이미지 편집은 스마트폰으로도 충분히 가능하다. 이미지 편집에 익숙해지면, 잘 만든 섬네일을 따라 만들어보자. 모방은 최고의 공부다. 그렇게 감각이 쌓인다. 사진이 부족하다고 걱정하지 않아도 된다. 섬네일 한 장만 있어도 상품 등록은 가능하다. 실제로 쇼피에서는 최소한의 이미지로도 판매가 이루어진다.

하지만 나는 가능하면 이미지 9장을 최대한 채우는 편이다. 사진이 많다고 해서 판매량이 자동으로 늘어나는 건 아니지만 각 이미지가 사용 장면을 보여주고, 크기와 질감을 설명하고, 구매 이후의 상황을 그려줄 수 있다면 고객이 망설일 이유는 분명히 줄어든다. 물론 9장을 채운다고 해서 비슷한 사진을 반복하거나, 화질이 떨어지는 이미지를 억지로 넣지는 않는다. 그런 이미지는 정보를 늘리는 게 아니라 오히려 판단을 흐리게 만든다. 그래서 기준은 단순하다. 이 사진이 '이게 나한테 필요한 물건인가?'라는 질문에 하나라도 더 명확한 답을 주는가. 그렇지 않다면 굳이 넣지 않는다.

실제로 쇼피코리아도 최소 5장 이상의 상품 이미지를 권장하고 있다. 이건 형식적인 숫자라기보다, 고객이 구매 결정을 내리기까지 필요한 정보의 최소 단위에 가깝다. 정리하면, 나는 9장을 최대한 활용하지만, 사진 수를 채우는 게 아니라 판단 재료를 채운다. 이미지는 셀러를 설명하는 도구가 아니라, 고객의 필요를 확인시켜주는 장치이기 때문이다.

Step 3. 영어 제목과 상세 설명 — ChatGPT에게 맡겨라

이미지를 준비했다면, 이제 영어 제목과 상세 설명을 작성할 차례다. 영어를 잘할 필요는 없다. 이 단계는 ChatGPT가 대신해준다. 다음에 소개하는 프롬프트를 그대로 입력해도 충분하다. 다만, 그대로 쓰는 것보다 조금씩 손보는 걸 추천한다. 구조는 유지하되, 말투와 분위기는 각자의 샵에 맞게 바꿔보자. 친근한 어투도 좋고, 살짝 츤데레 같은 거리감도 괜찮다. 차분하고 신뢰감 있는 톤, 혹은 따뜻한 생활 밀착형 문장도 나쁘지 않다.

중요한 건 '정답 문장'을 찾는 게 아니라, 이 샵은 어떤 사람의 목소리인지 드러내는 것이다. 같은 제품이라도 말투가 달라지면, 샵의 인상은 완전히 달라진다.

ChatGPT 프롬프트 예시

당신은 쇼피(Shopee) 셀러이며, 〈따뜻하고 감성적인〉 상품 상세페이지를 작성하는 사람입니다. 상품 이미지를 분석해서, 영문으로 작성하고, 아래 형식을 지켜주세요.

❶ 상품 제목은 Shopee 스타일에 맞게 클릭을 유도할 수 있도록 작성. 브랜드명이 있다면 반드시 포함해주세요. 제품의 주요 특징(용량, 재질, 색상 등)을 간결하게 넣고, 핵심 키워드를 사용해주세요. 불필요한 특수 문자는 사용하지 마세요.

❷ 제품의 주요 타깃층을 설정하고, 그들의 구매 욕구를 자극하는 문구로 작성해주세요. (예: 아이를 키우는 엄마, 감성 인테리어를 좋아하는 30대 여성, 자취 1년 차 직장인 등)

🎁 Item : 브랜드 + 상품명 + 색상 용량 등

💗 Description : 페르소나에 맞는 제품 설명, 홍보 문구

🔍 Highlights : 이 제품의 특장점 요약

◉ Specifications : 성분, 색상, 옵션, 원산지 등의 기본 정보

⭕ Guarantee : 정품 보장, 빠른 배송 약속 등의 샵 정보

그리고 이제, 판매 페이지에서 제품명과 마케팅 문구, 용량, 재질, 성분 같은 모든 정보가 함께 보이도록 길게 캡처한다. 스마트폰의 스크롤 캡처 기능을 사용하면 유용하다.

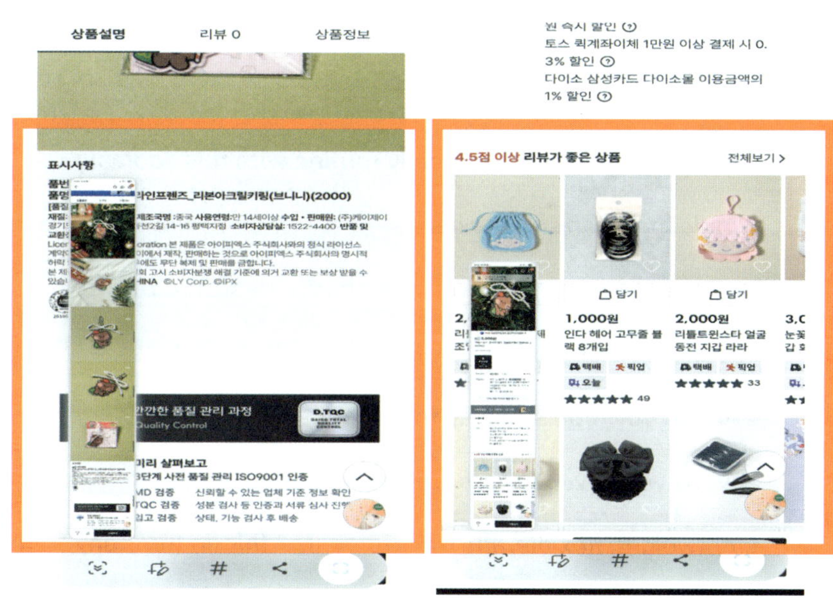

〈스크롤 캡처 기능을 이용해서 제품 정보를 캡처한 이미지〉
(이미지 출처 : 다이소몰)

캡처한 몇 장의 이미지를 ChatGPT에 입력하면 자동으로 영문 제목과 상세 설명을 만들어준다. 다음처럼 말이다.

Disney Winnie the Pooh Silicone Lid 10.5cm | Cute & Practical Cover for Cups or Bowls

♡ Description

Add a touch of joy to your daily routine with this adorable Winnie the Pooh silicone lid.

Designed to keep your drinks or snacks fresh, it prevents dust from entering while sealing in warmth or coolness.

Perfect for moms preparing snacks for their kids, or anyone who loves cheerful, practical kitchen items.

Lightweight, flexible, and easy to wash — this lid turns any ordinary cup into a happy moment.

🔍 Highlights

✔ 100% food-grade silicone - safe and heat-resistant up to 200°C

✔ Prevents dust and spills, ideal for both indoor and

outdoor use

✔ Easy to clean and reusable – eco-friendly choice for everyday life

✔ Official Disney design featuring Winnie the Pooh's bright smile

✔ Compact 10.5cm size fits most standard cups and small bowls

◉ Specifications

Material: Silicone

Size: Diameter 10.5cm

Temperature Range: -40°C ~ 200°C

Made in Korea

○ Guarantee

All products are 100% authentic and shipped directly from Korea.

Fast handling and secure packaging guaranteed.

🎁 상품명

디즈니 위니 더 푸 실리콘 컵 덮개 10.5cm ㅣ 귀엽고 실용적인 컵·볼 커버

💗 상품 설명

사랑스러운 위니 더 푸 실리콘 덮개로 일상에 작은 행복을 더해보세요.

음료나 간식을 덮어 먼지가 들어가는 것을 막아주고, 따뜻함과 시원함을

오래 유지해줍니다.

아이 간식을 준비하는 엄마부터 귀엽고 실용적인 주방 아이템을 좋아하

는 분까지 모두에게 잘 어울리는 제품입니다.

가볍고 유연하며 세척이 쉬운 실리콘 소재로, 평범한 컵 하나도 기분 좋아

지는 순간으로 바꿔줍니다.

🔍 특징

✔ 100% 식품용 실리콘 – 안심 사용, 최대 200℃ 내열

✔ 먼지 유입과 흘림 방지 – 실내·야외 모두 사용 가능

✔ 세척이 간편하고 재사용 가능 – 친환경 데일리 아이템

✔ 위니 더 푸의 밝은 미소가 담긴 정품 디즈니 디자인

✔ 지름 10.5cm – 대부분의 컵과 작은 그릇에 적합

◉ 제품 정보

소재: 실리콘

사이즈: 지름 10.5cm

사용 온도: -40°C ~ 200°C

원산지: 한국

○ 안내

모든 제품은 100% 정품이며,

한국에서 직접 출고돼 안전하게 포장 후 발송됩니다.

글의 구조나 이모지 등은 샵의 개성에 맞게 얼마든지 바꿔도 좋다. 단, 한 번 정한 포맷은 일관성 있게 유지하는 것이 좋다. 반복되는 구조 속에서 효율이 생긴다. 그리고 쇼피는 상세 설명 영역에 이미지를 반드시 넣을 필요가 없다.(초보자는 이미지를 넣고 싶어도 넣을 수가 없다.) 텍스트만으로도 상품의 매력을 충분히 전달할 수 있고, 실제로 많은 셀러가 텍스트 중심의 상세 설명으로도 안정적인 판매를 이어가고 있다.

다만 한 가지 짚고 넘어갈 점이 있다. 쇼피에서는 Preferred Seller(우수 셀러)가 되면 상세 설명 영역에 이미지를 추가할 수 있는 기능이 열린다. 즉, 이미지를 넣을 수 없어서 못 넣는 구조는 아니다. 그럼에도 불구하고 나는 지금도 상세 설명은 텍스트만으로 작성하고 있다. 이유는 명확하다.

첫째, 상품의 설득은 이미 9장의 상품 이미지에서 끝난다고 생각하기 때문이다. 섬네일과 이미지 영역에서 '이게 어떤 물건인지', '나에게 필요한지', '가격 대비 괜찮은지'가 이미 판단된다면 상세 설명은 보완 역할이면 충분하다.

둘째, 상세 설명에 들어갈 이미지를 별도로 만드는 데 소요되는 시간은 곧 다음 상품을 등록하지 못하는 시간이 되기 때문이다. 특히 상세 설명은 ChatGPT를 활용해 빠르게 작성할 수 있어 이 시간적 이점을 일부러 포기할 이유가 없다.

셋째, 텍스트로 작성된 상세 설명은 쇼피 검색 알고리즘에서 키워드로 인식된다. 이미지는 보여주지만, 텍스트는 쌓인다. 노출 관점에서는 텍스트 설명이 오히려 더 유리하다.

모바일 쇼핑 환경에서는 고객이 이미지를 보고, 가격을 확인하고, 필요하다고 느끼는 순간 구매는 빠르게 결정된다. 그 흐름 속에서 상세 설명에 또 다른 이미지로 길게 설명을 이어가는 방식은 오히려 리듬을 깨는 요소가 될 수 있다고 생각한다. 그래서 나는 이미지를 넣을 수 있음에도 불구하고, 의도적으로 텍스트 중심의 상세 설명을 선택하고 있다. 이건 정답이 아니라 내가 선택한 하나의 운영 방식이다.

Step 4. 상품 등록 — 한국 셀러센터에서 실전 시작

이제 이미지를 업로드하고 상품을 등록하자. 한국 셀러센터(KRSC)
에 로그인해 좌측 메뉴에서 'Add New Product'를 클릭한다. 그리고
다음 순서로 입력한다.

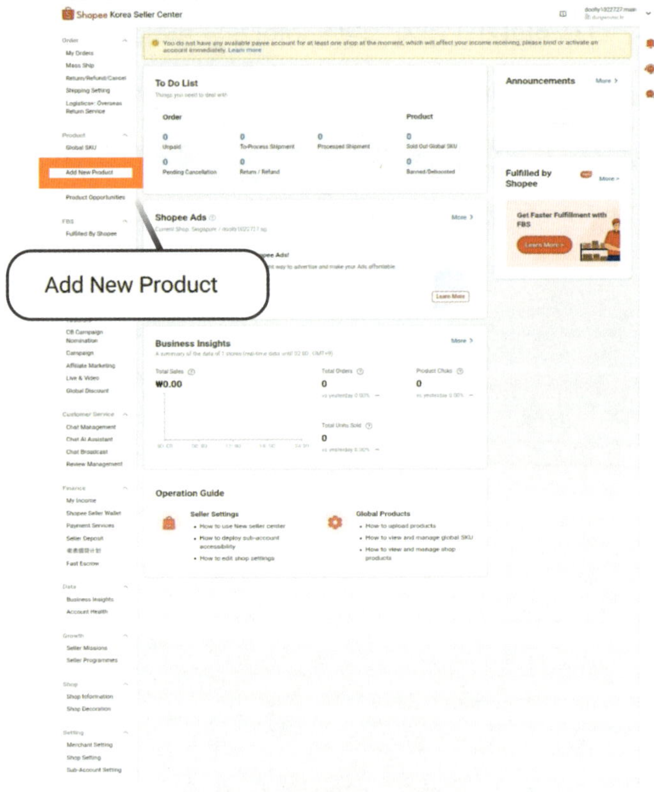

〈셀러센터의 초기 화면〉
(이미지 출처 : 한국 셀러센터)

기본 입력 순서

① 이미지 업로드

② 제품명 입력(ChatGPT가 만들어준 제목을 복사해 붙여넣기)

③ 카테고리 선택(제목을 기반으로 쇼피에서 자동 추천)

④ 상세 설명 입력(ChatGPT가 만든 내용을 그대로 붙여넣기)

⑤ 속성 입력(브랜드, 소재, 원산지 등)

⑥ 옵션 및 판매 정보 입력(색상, 판매가, 중량, 재고 등)

이미지 & 제품명 & 카테고리

이미지는 준비한 사진을 그대로 올리면 된다. 제품명은 ChatGPT가 작성한 것을 복사해서 붙여 넣자. 카테고리는 제목을 입력하면 쇼피가 자동으로 추천해준다. 그중 가장 적합한 것을 선택하면 된다.

〈셀러센터 상품 등록 화면〉

(이미지 출처 : 한국 셀러센터)

상세 설명 & 속성 입력

상세 설명 역시 ChatGPT가 작성한 내용을 그대로 붙여 넣는다.

---

* Product Description

🛍 Item : Disney Winnie the Pooh Silicone Lid 10.5cm ｜ Cute & Practical Cover for Cups or Bowls

❤️ Description
Add a touch of joy to your daily routine with this adorable Winnie the Pooh silicone lid.
Designed to keep your drinks or snacks fresh, it prevents dust from entering while sealing in warmth or coolness
Perfect for moms preparing snacks for their kids, or anyone who loves cheerful, practical kitchen items.
Lightweight, flexible, and easy to wash – this lid turns any ordinary cup into a happy moment.

🔍 Highlights
✔ 100% food-grade silicone – safe and heat-resistant up to 200°C
✔ Prevents dust and spills, ideal for both indoor and outdoor use
✔ Easy to clean and reusable – eco-friendly choice for everyday life
✔ Official Disney design featuring Winnie the Pooh's bright smile
✔ Compact 10.5cm size fits most standard cups and small bowls

🔵 Specifications
Material: Silicone
Size: Diameter 10.5cm
Temperature Range: -40°C ~ 200°C
Made in Korea

⭕ Guarantee
All products are 100% authentic and shipped directly from Korea.
Fast handling and secure packaging guaranteed.

〈셀러센터의 상세 설명 입력 화면〉
(이미지 출처 : 한국 셀러센터)

속성값은 카테고리별로 필수 입력값이 다르다. 예를 들어, 식품은 유통기한, 가전제품은 인증번호 입력이 필요하다. 그리고 모든 카테고리는 브랜드 항목이 필수 입력이다. 검색해도 결과가 없다면 당황하지 말고 'No Brand'를 선택하자. 빨간 별표(*)가 표시된 부분은 필수 입력 항목이라고 이해하면 된다.

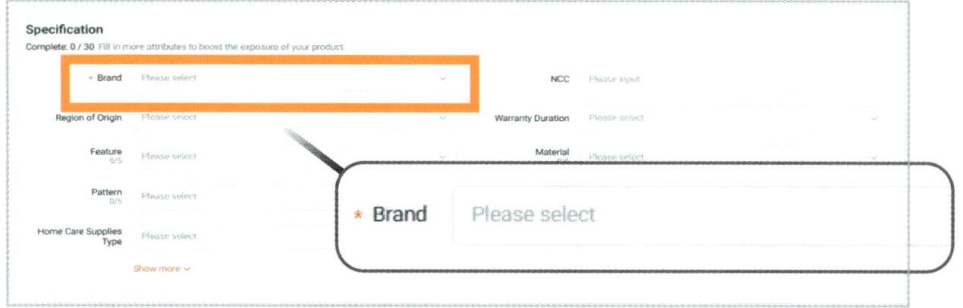

〈셀러센터의 속성값 입력 화면〉
(이미지 출처 : 한국 셀러센터)

옵션(Variation) 설정

옵션은 Enable Variations 버튼을 클릭해서 활성화한다. 단일 옵션만 있어도 꼭 켜두자. 그래야 나중에 옵션을 추가해야 하는 경우가 생겨도 기존 판매 데이터가 초기화되지 않는다. 옵션명은 마찬가지로 영어로 작성한다. 예를 들어 텀블러의 색상이 세 가지라면 1. Red / 2. Blue / 3. Yellow 이렇게 입력한다. 영어를 쓰지 않는 국가 구매자도 자동 번역 기능으로 색상을 구분할 수 있지만 최대한 옵션별 이미지도 함께 넣어주자. 혹시 모를 번역 오류에 대비할 수 있고, 시각적으로 훨씬 명확해진다.

〈셀러센터의 옵션 입력 화면〉
(이미지 출처 : 한국 셀러센터)

글로벌 가격(Global Price) 개념 이해하기

이제 판매가를 입력할 차례다. 여기서 입력하는 가격은 우리가 흔히 생각하는 '판매가'가 아니다. 쇼피에서는 이 값을 '글로벌 가격'(Global Price)이라고 부른다. 이 개념은 초보 셀러가 가장 많이 헷갈리는 부분이다. 글로벌 가격은 실제 고객이 결제하는 최종 가격이 아니라, 기준이 되는 가격이다.

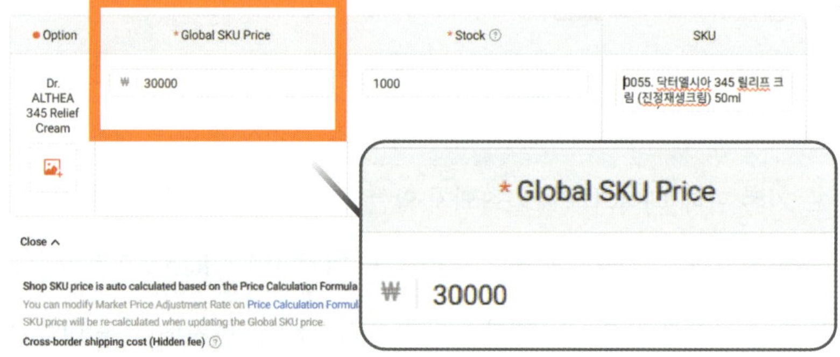

〈셀러센터의 글로벌 가격 입력 화면〉
(이미지 출처 : 한국 셀러센터)

쇼피는 한 번의 상품 등록으로 싱가포르, 대만, 태국, 말레이시아, 베트남, 필리핀, 브라질, 멕시코 총 8개국에 상품이 동시에 노출된다. 그리고 이 글로벌 가격을 기준으로 각 국가별 환율, 수수료, 세금 구조, 물류비가 자동 적용돼 국가별 최종 판매가가 만들어진다. 하지만 쇼피가 제공하는 자동 계산을 그대로 입력하는 대신 각자의 마진 시트에서 설정한 판매 가격을 입력하는 것이 정확하다.

내가 얼마에 팔고, 얼마가 남고, 어디에서 손해가 나는지는 셀러가 직접 확인하지 않으면 아무도 알려주지 않는다. 그래서 나는 글로벌 가격을 입력할 때 매입가의 약 두 배 수준을 기준으로 대략 입력한다. 대신, 마진 시트가 필요하다. 마진 시트를 초보자가 혼자 만든다는 것은 거의 불가능에 가깝다. 엑셀에 익숙하지 않을 뿐더러, 각 국가별 수수료와 배송비 구조를 이해하기 쉽지 않기 때문이다.

초보자 대부분이 이 단계에서 막힌다. 그래서 이 책을 쓰면서 고민했다. '여기서 독자에게 뭘 도와줄 수 있을까?' 결론은 하나였다. 내가 실제로 쓰는 마진 시트를 공유하자. 이 책의 독자 여러분을 위해 가장 처음 입점하게 되는 싱가포르 마켓의 마진 시트를 공유한다.

〈쇼피 싱가포르 마진 시트 QR 코드〉

QR 코드를 찍으면 내가 실제로 사용 중인 싱가포르 마진 시트에 접근할 수 있다. 여기에서 제품명, 중량, 판매 가격을 입력하면 얼마의 마진이 남는지를 자동으로 계산할 수 있다. 어떤 서식에 의해 이런 계산이 만들어지는지를 추적하고, 다른 마켓의 마진 시트를 직접 만들어 볼 수 있다. 처음부터 모든 나라를 계산하려 하지 말자. 싱가포르 하나만 제대로 이해해도 출발선에는 선 것이다.

마진 시트를 공유한다는 건 단순한 참고 자료를 주는 게 아니다. 초보 셀러가 가장 처음 마주하는 장벽을 한 번에 건너뛰게 해주는 일이다. 이 책을 통해 당신은 '얼마가 남는지 모른 채 파는 셀러'가 아니라 '계산하고 파는 셀러'로 출발하게 된다. 이 차이는 정말 크다. 많은 초보 셀러 중에는 매출은 알고 있지만, 얼마를 버는지 모른 채 쇼피를 운영하는 위태위태한 광경을 그동안 정말 많이 목격했다. 당신은 안전벨트를 메고 운전을 할 수 있게 된다.

재고·SKU 입력

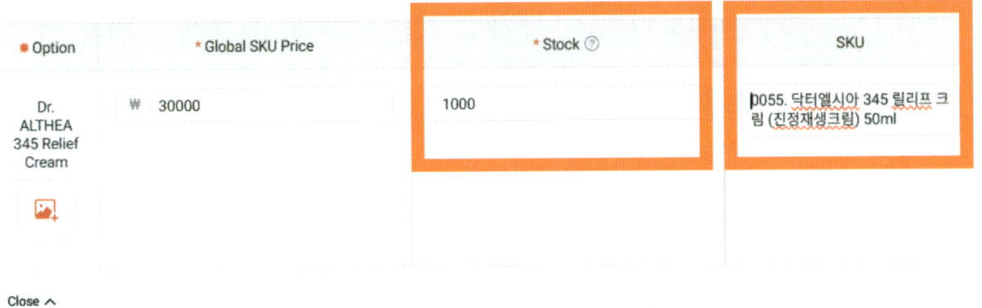

<셀러센터의 재고·SKU 입력 화면>
(이미지 출처 : 한국 셀러센터)

셀러 대다수는 무재고 방식으로 쇼피를 시작한다. 주문이 들어오면 그때 네이버나 쿠팡, 혹은 오프라인 매장에서 상품을 구매해 포장한 뒤 발송하는 구조다. 그래서 초보 셀러가 상품 등록을 할 때 재고를 얼마나 입력해야 할지 고민에 빠지기도 한다.

재고는 넉넉하게 입력해두는 것이 기본이다. 무재고 판매에서는 실제 보유 수량보다 '판매 가능성'을 열어두는 것이 더 중요하기 때문이다. 다만 예외가 있다. 한정판 상품이거나 단종 예정 제품처럼 추가 확보가 어려운 경우에는 실제로 확보 가능한 수량만큼만 입력하는 것이 안전하다. 이런 상품의 재고 관리를 소홀히 하면, 과판매와 주문 취소

및 클레임으로 이어질 수 있기 때문이다.

SKU(Stock Keeping Unit)는 제품을 식별하기 위한 판매자 전용 관리 코드다. 구매자에게는 보이지 않지만, 주문이 들어오면 송장에 함께 출력된다. SKU를 입력해두지 않으면 송장에는 SKU 값이 아닌 카테고리명만 인쇄돼, 포장 과정에서 어떤 제품인지 바로 확인할 수가 없다.

그래서 SKU에는 제품 고유번호 + 한글 제품명 + 옵션명을 함께 입력하는 방식을 추천한다. 이렇게 해두면 송장만 봐도 어떤 제품인지 즉시 파악할 수 있고, 포장 실수도 방지할 수 있다. 상품 수가 늘어날수록 이 차이는 더욱 크게 느껴진다.

또 하나 중요한 이유가 있다. 쇼피 셀러센터는 8개 국가의 재고를 하나로 연동해 관리하는 구조다. 재고와 SKU를 정확히 입력해두면, 여러 국가에서 동시 주문이 들어와도 전체 흐름을 한눈에 파악할 수 있다. 반대로 이 기본 세팅이 없으면, 어느 순간 재고가 꼬이고 주문 취소가 반복되기 쉽다.

- **무재고로 판매하는 일반 상품 → 재고는 넉넉하게 입력**
- **재고 확보가 어려운 상품, 한정판·단종 상품 → 실제 수량 기준으로 정확히 관리**
- **SKU는 반드시 입력하고, 고유번호 + 한글명 + 옵션명으로 직관적으로 설정**

재고와 SKU 관리는 눈에 띄는 성과를 만들어주는 것은 아니지만 운영 효율을 크게 높여준다. 나는 이 중요성을 모른 채 시작했고, 그 결과 지금도 송장을 출력하고 나서 '이게 어떤 제품이더라?'하고 한 번 더 확인하는 번거로움을 종종 겪고 있다. 초보일수록, 이런 기본 세팅이 결국 가장 큰 시간을 절약해준다는 걸 꼭 기억했으면 한다.

무게·택배크기·발송기한·Parnet SKU 입력

〈셀러센터의 무게·택배크기·발송기한·Parnet SKU 입력 화면〉
(이미지 출처 : 한국 셀러센터)

① 무게

무게는 포장까지 포함한 실제 중량 기준으로 입력한다. 다만 실제 무게는 가볍지만, 상자가 크거나 부피가 큰 상품이라면 '부피 무게'를 기준으로 입력해야 한다. 여기서 처음 등장하는 개념이 부피 무게다.

부피 무게란 '무게는 가볍지만 공간을 많이 차지하는 상품'을 위해 만든 계산 기준이다. 항공·해외 배송에서는 무게만큼이나 공간이 비용이 되기 때문에, 배송사는 실제 무게와 부피 무게 중 더 무거운 쪽을 기준으로 배송비를 책정한다. 예를 들어, 쿠션, 인형, 신발 박스처럼 들면 가볍지만 상자가 큰 상품은 실제 무게보다 부피 무게가 더 크게 나오는 경우가 많다. 쇼피 역시 이 기준을 그대로 적용한다. 즉, 실제 무게와 부피 무게 중 더 큰 값을 기준으로 배송비가 계산된다. 부피 무게 계산식은 다음과 같다.

부피 무게(kg) = 가로 × 세로 × 높이(cm) ÷ 6000

그래서 상품을 등록할 때는 실제 무게가 더 크면 실제 무게 기준으로, 부피 무게가 더 크면 부피 무게 기준으로 입력해야 한다.

다만, 한 가지 짚고 넘어가야 할 점이 있다. 시스템에 입력한 무게와 실제 발송 무게가 조금 달라도 문제없으니 너무 염려할 필요는 없다. 최종 배송비는 집하지에서 실측한 무게 기준으로 부과된다. 여기서 입력하는 무게 값은 정확한 배송비를 미리 확정하는 값이 아니라, 어떤 배송 채널을 연결할지 판단하기 위한 기준 값에 가깝다.

그래서 무게를 아예 엉뚱하게 입력하지 않는 한, 조금의 오차 때문에 문제가 생기지는 않는다. 중요한 건 가볍게 보이게 입력하는 것이 아니라, 실제 발송 구조에 맞게 합리적으로 입력하는 것이다.

② 택배 크기 (Parcel Size)

Parcel Size는 필수 입력 항목은 아니다. 비워둬도 상품 등록이나 판매에는 아무 문제가 없다. 하지만 일정 크기를 넘어가는 상품이라면 Parcel Size를 미리 입력하는 것이 운영 리스크를 크게 줄여준다.

쇼피의 배송 채널마다 발송 가능한 규격 제한이 있다. 우리가 일반 택배를 보낼 때 "이건 너무 커서 접수가 안 됩니다."라는 말을 듣는 것처럼, 쇼피의 배송 채널도 마찬가지다. 예를 들어 이런 상황이다. 길이 50cm짜리 장우산을 판매한다고 가정해보자. 상품은 정상적으로 주문이 들어온다. 하지만 집하지에서 실측한 결과 포장 규격 초과 판정을 받게 되면, 그 주문은 더 이상 배송이 진행되지 않는다.

그때 판매자가 받게 되는 건 '규격 초과로 발송 불가'라는 안내 메일이다. 이미 주문은 들어왔고, 고객에게 설명해야 하고, 환불이나 재주문 요청까지 이어질 수 있다. 이 모든 번거로움을 Parcel Size 입력 하나로 미리 막을 수 있다.

Parcel Size를 입력해두면 해당 규격을 감당할 수 없는 배송 채널에서는 아예 주문이 들어오지 않도록 사전에 차단되고, 구매자는 이용 가능한 배송 채널로 주문을 하게 된다. 즉, 배송 채널별 규격을 매번 신경 쓰지 않아도 되게 하는 사전 안전장치인 셈이다. 실무적으로는 이렇게 생각하면 된다.

이 중 하나라도 걸릴 가능성이 있는 상품이라면, Parcel Size를 입력해두는 것이 좋다. 이 기준은 여러 배송 채널 중에서 가장 작은 규격을 허용하는 채널의 최소 기준 값에 가깝다. 즉, 이 기준을 넘는 상품은 어차피 모든 채널에서 자유롭게 발송되기 어렵다. 배송 채널별 정확한 규격 제한은 p175에서 따로 정리했다.

③ 발송 기한(DTS, Days to Ship)

발송 기한(DTS)은 기본적으로 1을 입력하자. DTS를 4~10일로 설정하면 해당 상품은 자동으로 사전 주문(프리오더, Pre-Order) 상품으로 분류된다. 문제는 프리오더 비율이 일정 기준을 넘으면 쇼피에서 운영 페널티를 부과한다는 점이다. 그래서 특별한 이유가 없다면, 초기에는 DTS를 1로 두는 것이 가장 안전하다. 다만 여기서 초보자가 가장 많이 오해하는 부분이 있다. DTS를 1로 입력했다고 해서 '무조건 하루 안에 발송해야 한다.'라는 뜻은 아니다.

쇼피 기준으로는 영업일 기준 2일 이내 발송이면 정상으로 처리된다. 주말이나 공휴일은 제외된다. 또 하나, DTS를 맞추지 못했다고 해서 주문이 바로 취소되지는 않는다. DTS를 초과하면 단계적으로 표시가 바뀐다.

① 처음에는 Risk of Late Shipment (지연 가능성 있음)

② 다음 단계에서 Late Shipment (지연 발생)

③ 그리고 그 이후에야 자동 취소 예정 날짜가 표시된다.

즉, 하루 이틀 늦었다고 바로 주문이 날아가는 구조가 아니다. 시스템은 생각보다 훨씬 완만하게 움직인다. 그래서 초보 셀러가 흔히 느끼는 'DTS 하나 놓치면 큰일 난다.'라는 불안은 사실 기우에 가깝다. 오히려 중요한 건 지연을 '완전히 없애는 것'이 아니라 반복 주문이 들어오는 상품을 만들고 재고를 조금씩 확보해가면서, 전체 발송 기한일의 평균 값을 낮추는 것이다. 상품이 반복 주문 단계로 들어가면 자연스럽게 발송 속도는 빨라지고, Late Shipment 비율도 내려간다. 실제로 주문이 들어오면 '언제까지 발송하면 되는지'는 셀러센터의 Pre-Declare 화면에서 정확하게 확인할 수 있다.

DTS 때문에 불안에 떠는 초보자를 너무 많이 봤다. 하지만 실제로 운영해보면 알게 된다. DTS는 셀러를 탈락시키기 위한 장치가 아니라, 성실하게 운영하는 셀러를 구분하기 위한 기준이라는 걸. 겁먹지 말고, 흐름을 이해하고 천천히 적응하면 된다.

④ Parent SKU

Parent SKU는 여러 개의 SKU를 묶는 기준점이다. SKU가 개별 상품을 구분하는 최소 단위라면, Parent SKU는 그 SKU들을 하나의 상품군으로 정리하는 상위 분류 코드다. SKU는 가지, Parent SKU는 줄기다.

예시로 이해해보자. OO 브랜드의 라면이 있고 오리지널, 치즈, 까르보나라 맛이 있다고 가정해보자.

- **Parent SKU**

  - 0001. OO 브랜드 라면

- **SKU**

  - 0001. OO 브랜드 라면 - 오리지널

  - 0001. OO 브랜드 라면 - 치즈

  - 0001. OO 브랜드 라면 - 까르보나라

맛은 각각 다른 SKU로 관리되지만, 이 상품군 전체는 하나의 Parent SKU 아래에 묶이게 된다. Parent SKU는 구매자에게는 전혀 보이지 않고, 오직 판매자와 시스템을 위한 관리용 값이다. 셀러센터에서 내가 등록한 제품을 찾아야 할 때, Parent SKU를 검색창에 입력하면, 해당 상품군이 한 번에 정리돼 나타난다.

반대로 Parent SKU를 입력해두지 않았다면, 상품명을 하나하나 기억해서 검색해야 하고, 비슷한 제품이 많아질수록 내가 등록한 상품 하나를 찾는 데 꽤 오랜 시간이 걸리게 된다. 상품 수가 적을 때는 체감이 잘 안 되지만, 상품이 쌓일수록 이 차이는 점점 커진다. Parent SKU는 필수 입력 값이 아니기에 비워둔 채 상품 등록을 하기 쉽다. 하지만 상품이 늘어날 미래를 생각한다면, 처음부터 꼭 세팅해두는 편이 훨씬 현명하다.

〈셀러센터에서 Parent SKU를 활용해 상품을 검색하는 화면〉
(이미지 출처 : 한국 셀러센터)

발행하기

모든 입력을 마쳤다면 'Save' 버튼을 눌러보자. 그러면 '글로벌 SKU'라는 임시 저장 공간에 상품이 등록된다. 바로 판매를 시작하고 싶다면 'Save and Publish' 버튼을 눌러 판매할 나라를 선택한 뒤 발행하면 된다.

〈셀러센터에서 상품 등록 마지막 단계 -발행하기〉
(이미지 출처 : 한국 셀러센터)

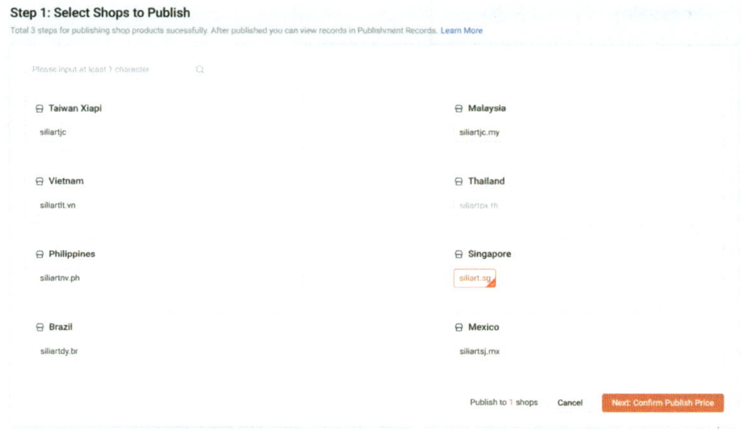

〈Save & Publish 버튼 클릭 후 상품을 발행할 국가를 선택하는 화면〉
(이미지 출처 : 한국 셀러센터)

판매할 나라를 선택했다면 이제 각 나라별 실제 판매가(리스팅 가격)를 입력해야 한다. 시스템이 자동으로 제시하는 금액 대신, 자신의 마진 시트에서 계산한 판매가를 직접 입력하자.

예를 들어, 매입원가 만 원, 중량 100g의 제품을 싱가포르에서 14달러에 판매한다고 가정하자. 현재 환율 기준으로 약 1,850원이 마진으로 남는다.

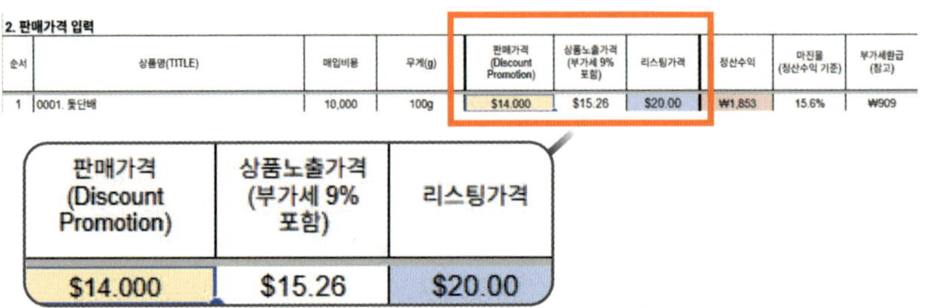

〈마진 시트의 판매가격과 리스팅 가격, 정산수익〉

마진 시트에서 보이는 리스팅 가격 20달러를 우선 입력한다.

〈리스팅 가격을 입력하는 화면〉
(이미지 출처 : 한국 셀러센터)

그리고 나서 셀러센터의 마케팅센터 → 디스카운트 프로모션(30%)을 적용해 판매가 14달러로 최종 판매가격을 맞추는 것이다.

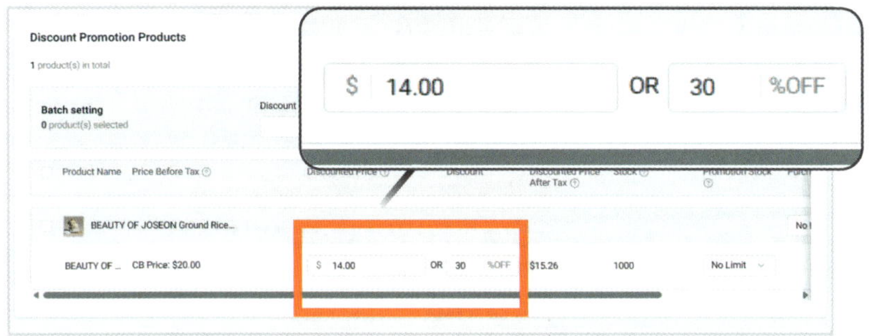

〈디스카운트 프로모션에서 최종 판매가격을 입력하는 화면〉
(이미지 출처 : 한국 셀러센터)

이렇게 당신의 첫 상품 등록이 완성됐다.

인큐베이션 입학식 ─ 당신이 '셀러'가 되는 순간

이제 당신의 상품을 싱가포르, 대만, 태국, 말레이시아, 베트남, 필리핀, 브라질, 멕시코 총 8개 나라에 판매할 수 있다. 단, 신규 셀러는 처음엔 싱가포르에만 등록 가능하다. 싱가포르에 5개 상품을 발행하면 7영업일 이내에 쇼피코리아에서 7개국 확장 메일을 보내준다. 메일에서 안내하는 대로 샵을 연동하면 8개국 모두 상품 등록이 가능해진다.

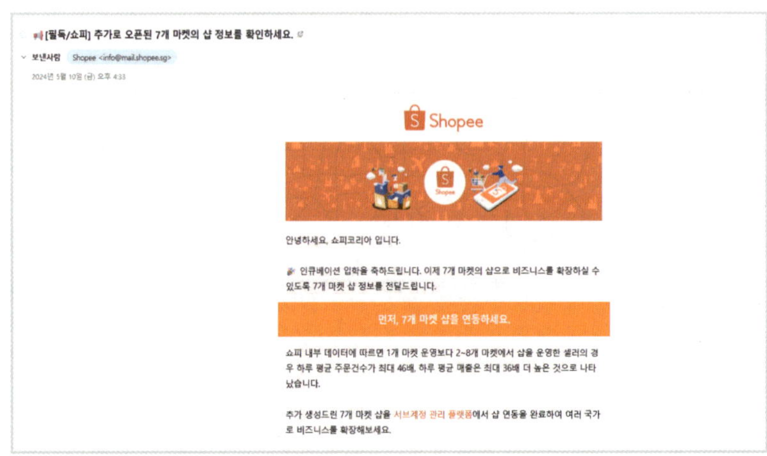

〈쇼피 7개 마켓 확장 안내 메일 화면〉
(이미지 출처 : 저자 수신 이메일)

이때 도착하는 또 다른 메일 한 통. '인큐베이션 입학을 환영합니다.'

〈쇼피 인큐베이션 입학 승인 후 도착한 안내 메일 화면〉
(이미지 출처 : 저자 수신 이메일)

인큐베이션은 쇼피를 처음 시작한 셀러가 길을 잃지 않도록 3개월 동안 제공하는 '운영 가이드 기간'이다. 학원도 아니고, 시험도 아니다. 쇼피가 옆에서 이렇게 말해주는 시간에 가깝다. '지금은 이걸 해보세요.', '다음 단계는 이겁니다.', '이쯤 되면 한 번 점검해보세요.' 쇼피를 처음 시작하면 대부분 이런 상태다. '뭘 먼저 해야 하는지 모르겠다.', '상품을 올렸는데, 다음에 뭘 해야 할지 모르겠다.', '주문이 안 들어오면 내가 뭘 잘못한 건지 모르겠다.'

인큐베이션은 이 막막함을 줄이기 위해 만들어진 구조다. '알아서 잘 해보세요.'가 아니라 초보자가 실제로 경험할 과정을 순서대로 겪게 해주는 것이다. 인큐베이션은 약 3개월(12주) 동안 진행된다. 이 기간 동안 쇼피는 주차별로 해야 할 일을 안내한다.

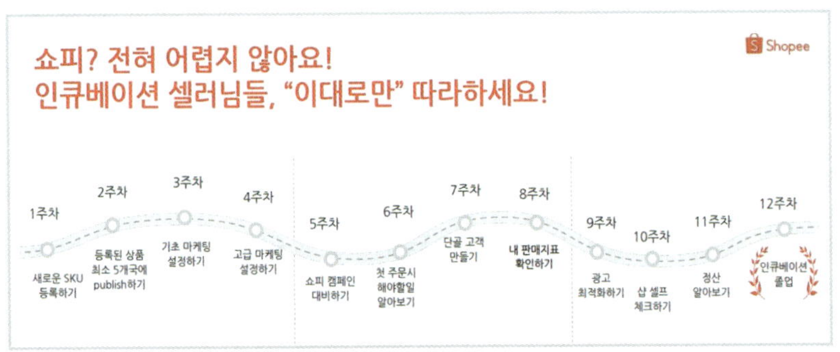

〈쇼피 인큐베이션 셀러 대상 공식 12주 교육 로드맵〉
(이미지 출처 : 쇼피코리아 교육 허브)

중요한 건, 이 모든 게 실제 운영 상황에서 자연스럽게 일어난다는 점이다. '미션'이라는 말에 겁먹을 필요 없다. 인큐베이션에는 '미션'이라는 표현이 자주 등장한다. 하지만 이건 숙제나 평가가 아니다. 안 해도 퇴학당하지 않는다. 점수가 매겨지지 않는다. 못해도 페널티가 없다. 미션은 그냥 '이 시점에 한 번쯤 해보면 좋은 것들'이다. 초보 셀러를 위한 체크리스트라고 생각하면 된다. 수수료 할인은 덤이다. 인큐베이션 기간에는 일부 마켓에서 판매 수수료 할인 혜택이 제공된다. 하지만 이건 핵심이 아니다. 인큐베이션의 진짜 목적은 할인보다 수수료가 조금 낮을 때, 이것저것 한 번 눌러보고 경험해보라는 의미에 가깝다. 이 기간에는 실수해도 괜찮고, 손해를 봐도 비교적 작다. 그래서 연습하기 가장 좋은 시기다.

3개월이 지나면 인큐베이션은 자동 종료된다. 그때쯤이면 대부분 상품 등록 흐름이 머릿속에 잡히고, 주문이 들어오면 당황하지 않고, 뭘 보고 판단해야 하는지 감이 생긴다. 매출이 크지 않아도 괜찮다. 운영 감각을 얻는 게 인큐베이션의 가장 큰 목적이기 때문이다. 인큐베이션은 초보 셀러가 혼자서 시행착오로 1년 걸릴 일을 3개월 안에 한 번씩 경험하게 해주는 안전한 연습 구간이다. 그래서 인큐베이션은 빨리 끝내야 할 단계가 아니라, 천천히 잘 써먹어야 할 기회다.

첫 항해를 시작하며

상품 등록은 처음엔 복잡하게 느껴질 수 있다. 하지만 익숙해지면 제품 한 개 등록하는 데 10분도 걸리지 않는다. 처음에는 30분이 걸릴 수도 있다. 그건 너무나 당연한 일이다. 갓난아기가 걷기 전 수없이 넘어지듯, 쇼피 셀러도 그렇게 배운다. 걷기 연습하듯이 도전하라. 넘어지면 다시 일어나면 된다. 그렇게 걷다 보면, 어느새 '기어 다니던 시절'을 잊게 될 것이다. 시작이 어렵지, 등록은 결국 루틴이 된다. 오늘 올린 한 개의 상품이 당신의 첫 항해가 될 것이다.

주문이 들어오면
이렇게 움직이면 된다

'첫 주문을 축하합니다!'

이 메시지를 볼 날이 반드시 올 것이다. 그 순간이 오면 설레면서도 동시에 머리가 하얘질 거다. '이제... 뭘해야 하지?'

걱정하지 않아도 된다. 지금부터 그 '첫 주문'을 처리하는 가장 기본적인 흐름을 따라가 보자.

1. 주문이 들어왔다면 : To Ship으로 확인하기

'To Ship'에 새로운 숫자가 떠 있다면, 그건 바로 주문이 들어왔다는 뜻이다.(Unpaid는 아직 결제 전 상태이므로 실제 주문으로 이어지지 않을 수도 있다.)

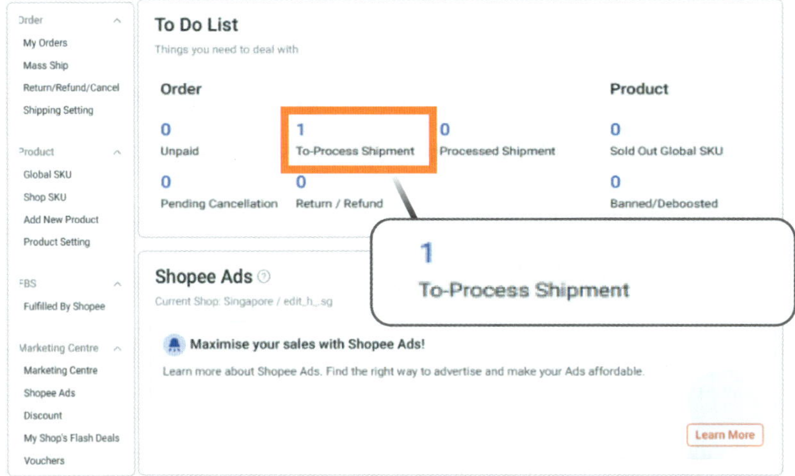

⟨'To-Process Shipment' 숫자로 실제 주문 여부 확인하기⟩
(이미지 출처 : 한국 셀러센터)

이 순간을 즐겨라. 누군가 내 상품을 '결제 완료'했다는 건, 단순한 매출이 아니라 누군가의 선택을 받았다는 의미니까.

2. 상품 주문하기 : 최저가 검색은 셀러의 기본기

쇼피 운영 초기에는 대부분 무재고로 시작한다. 따라서 주문이 들어오면 국내 쇼핑몰에서 해당 상품을 구매해야 한다. 이때 가장 중요한 건 바로 최저가 검색이다. 쿠팡, 네이버쇼핑, G마켓, 혹은 제조사 공식몰 등에서 상품 가격을 비교해보자. 할인쿠폰이나 카드 혜택을 활용해 최저가로 매입해야 조금이라도 더 높은 마진을 확보할 수 있다. 너무 기본적인 이야기처럼 들리지만, 의외로 많은 셀러가 이 단계를 대충 넘긴다. 가격이 오르거나 품절되는 경우도 있으니, 반드시 '마진 계산 당시의 매입가'와 현재 가격을 비교하는 습관을 들이자.

쿠팡의 경우, 나는 '풀센트' 같은 가격 추적 앱을 함께 활용한다. 현재의 쿠팡 가격만 보고 판단하면 놓치는 할인이 많기 때문이다. 특히 카드 할인이나 숨은 쿠폰은 이런 보조 도구를 써야 제대로 보인다.

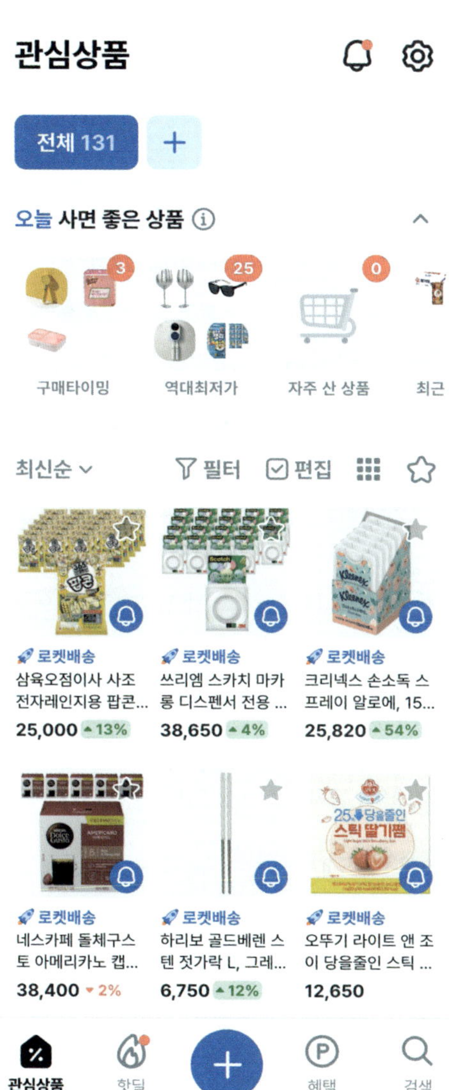

<남팡 관심상품 목록 화면>
(이미지 출처 : 풀센트)

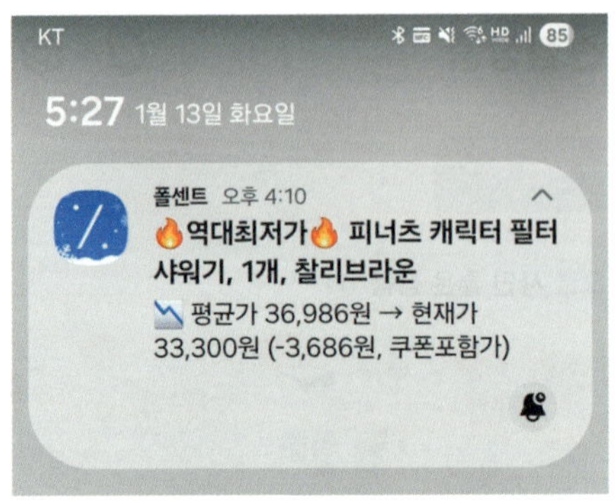

〈가격 추적 앱을 통한 가격 변동 알림 화면〉
(이미지 출처 : 폴센트)

하지만 경험상, 가장 저렴한 경우가 많은 곳은 의외로 '제조사 자사몰'이다. 제조사에서 직접 운영하는 공식몰은 신규 회원 쿠폰, 상시 할인 코드, 특정 요일·시간대 프로모션 같은 혜택이 겹치는 경우가 많다. 그런데도 많은 셀러가 '귀찮아서', '어디서 사나 다 비슷하겠지.'라는 이유로 네이버나 쿠팡에서만 구매하고 이 단계를 건너뛴다. 이 작은 생략이 나중에 마진 차이로 그대로 돌아온다.

주문이 반복되기 시작하면, 한 단계 더 나아가 보자. 주문이 일정 수량 이상 반복적으로 들어오면 그때부터는 제조사에 직접 연락해보는 것도 충분히 의미 있는 시도다. 소량이라도 도매가 공급 가능한지, 정기 주문이 가능하다면 조건을 맞출 수 있는지, 한 번쯤은 꼭 물어보

길 권한다. 처음에는 거절당할 수도 있다. 하지만 실제로 몇 번 시도해 보면, 이런 제안을 의외로 반기는 제조사가 많다. 해외 판매에 관심은 있지만 방법을 모르는 곳이나 소량 테스트 판매를 원하던 곳 같은 경우가 그렇다. 이런 제조사는 셀러의 제안을 '귀찮은 문의'가 아니라 '새로운 판로 제안'으로 받아들이기도 한다. 나 역시 이런 과정을 통해 조금 더 안정적인 매입 구조를 만들어갈 수 있었다.

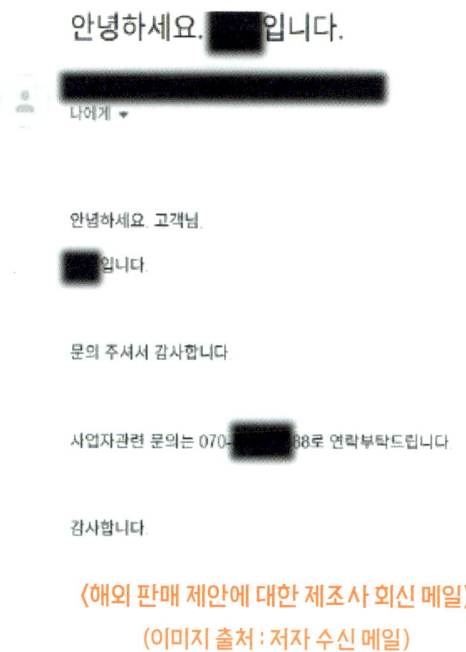

〈해외 판매 제안에 대한 제조사 회신 메일〉
(이미지 출처 : 저자 수신 메일)

쇼피 운영 초반에는 최저가 검색이 중요하지만, 장기적으로 보면 가장 좋은 구조는 '안정적인 매입처'다.

최저가 검색 → 반복 주문 → 제조사 컨택

이 흐름이 만들어지면 마진은 자연스럽게 개선되고, 운영의 불안정성도 크게 줄어든다. 그래서 나는 최저가 검색을 단순한 기술이 아니라 셀러가 성장하는 첫 관문이라고 생각한다.

3. 출고 준비 : Arrange Shipment 클릭

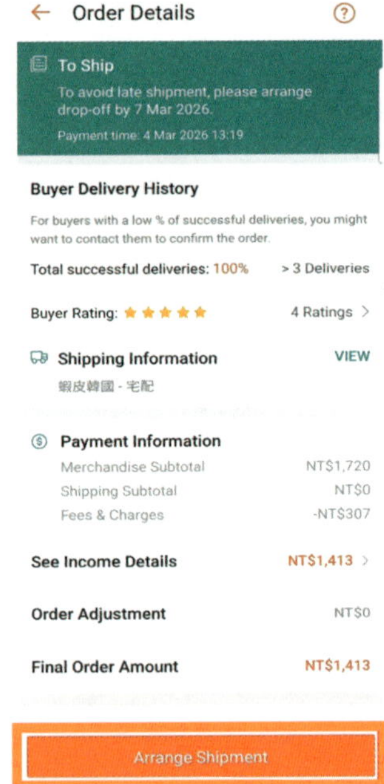

〈쇼피 앱 내 Arrange Shipment 버튼 클릭 화면〉
(이미지 출처 : 쇼피)

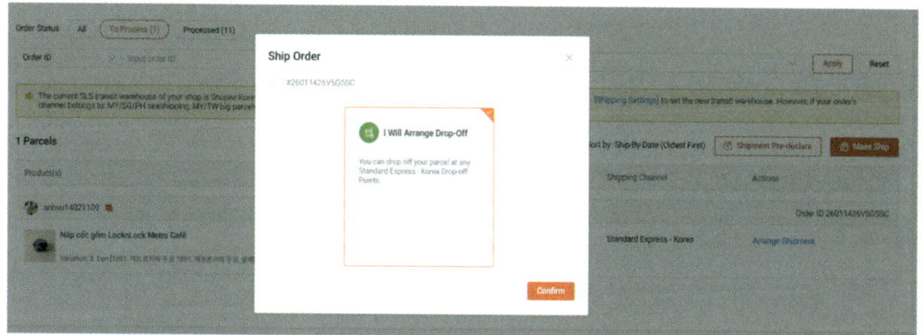

〈셀러센터에서 Arrange Shipment 버튼 클릭 화면〉
(이미지 출처 : 한국 셀러센터)

상품을 주문했다면 가장 먼저 해야 할 일은 'Arrange Shipment' 버튼을 누르는 것이다. 이건 단순한 클릭이 아니다. 이 버튼 하나로 구매자와 판매자 모두의 심리가 동시에 움직인다.

구매자 입장에서 '아, 이 판매자가 주문을 확인했고, 지금 준비를 시작했구나.'라는 가장 직관적인 신뢰 신호다. 반대로 말하면, 이 버튼이 눌리지 않은 상태가 오래 지속되면 고객은 자연스럽게 불안해진다. '혹시 주문을 못 본 건 아닐까?', '재고가 없는 건 아닐까?', '정말 보내주긴 할까?'

실제로 쇼피 채팅에서 가장 자주 받는 메시지 중 하나가 "Hi, when will you ship? (안녕, 언제 발송하나요?)"이다. 아직 발송 기한이 충분히 남아 있음에도, Arrange Shipment가 눌리지 않았다는 이유만으로 고객은 이미 마음이 한 번 흔들린다. 그래서 나는 주문이 들어오면 제품을 실제로 포장하기 전이라도 가능한 한 빨리 Arrange Shipment부터 누른다. 이건 '배송 시작'이 아니라 '배송을 준비하고 있다는 선언'에 가깝다.

이 행동은 나 자신에게도 효과가 있다. 주문이 쌓여 있는데 Arrange Shipment를 누르지 않은 상태로 두면 괜찮은 마음이 불안해진다. '이거 잊은 거 뭐 없나?', '혹시 뭐 빠뜨린 거 아닐까?' 작은 미루기가 쓸데없는 스트레스를 만든다. 반대로 Arrange Shipment를 하나씩 눌러두면 주문이 '정리된 일'로 인식된다. 아직 포장은 안 했지만, 이미 흐름은 시작됐다는 안정감이 생긴다.

쇼피 운영은 이런 작은 리듬의 반복이다.

주문 확인 → Arrange Shipment → 포장 → 발송

이 순서를 빠르게 만들어두면 샵은 고객에게도, 나 자신에게도 '움직이고 있는 가게'로 보이기 시작한다. Arrange Shipment는 배송 버튼이 아니라 신뢰 버튼이라고 생각해도 좋다. 가능한 한 빨리 눌러주는 것, 그게 초보 셀러가 가장 쉽게 할 수 있는 가장 효과적인 신뢰 관리다.

4. 포장하기 : 단단하게, 그러나 가볍게

포장은 단순히 상품을 싸는 과정이 아니다. 해외 셀링에서 포장은 품질 관리이자 마진 관리다. 국내 배송은 포장이 과해도 큰 문제가 되지 않지만, 해외 배송은 다르다. 해외 배송은 무게와 부피가 곧 배송비로 이어지고, 배송비는 그대로 수익을 깎아먹는다. 그래서 나는 포장을 할 때 항상 이 기준을 머릿속에 넣어놓는다. '파손되지 않을 만큼만, 그리고 가능한 한 가볍게.'

① 박스 포장

유리, 세라믹, 전자제품처럼 충격에 취약한 상품은 박스 포장을 한다. 이때도 원칙은 같다. 에어캡을 과하게 쓰기보다 필요한 만큼만 감싸고, 박스 역시 상품 크기에 최대한 맞춰 불필요한 공간을 줄인다. 박스가 크면 그만큼 부피 무게가 커진다. 나는 국내에서 받은 박스를 그대로 쓰지 않고, 접거나 재단해서 박스 높이와 모서리를 줄이는 작업을 자주 한다. 조금 투박해 보여도, 해외 고객에게 중요한 건 박스가 아니라 상품이 안전하게 도착했는지다.

② 폴리백 포장

파손 위험이 거의 없는 생활용품이나 플라스틱 제품은 박스 대신 폴리백(또는 안전봉투) 포장을 적극 활용한다. 이때 핵심은 부피 무게 관리다. 나는 폴리백에 넣은 뒤, 모서리를 접어 불필요한 공기층을 줄이고 가능한 한 납작하게 만든다. 실제 무게는 가볍지만, 부피 때문에 배송비가 올라가는 경우를 수없이 겪어봤기 때문이다. 폴리백 포장은 보기엔 단순하지만, 해외 셀링에서는 마진을 지켜주는 가장 강력한 포장 방식이다.

③ 송장

송장은 A4 용지로 출력해도 문제없다. 다만 주문 수가 늘어나면 라벨 프린터(송장 크기: 10×10cm)가 필수가 된다. 여기서 꼭 기억해야 할 포인트는 하나다. 송장은 접혀도 괜찮지만, 바코드는 절대 접히거나 훼손되면 안 된다. 집하지에서 배송이 멈추는 경우의 상당수는 바코드 인식 불량 때문이다.

초보 셀러 대부분은 불안해서 포장을 과하게 한다. 나 역시 그랬다. 하지만 주문이 쌓이고, 파손 사례와 배송비 데이터를 직접 확인해보면 어디까지가 안전선인지, 어떤 포장이 과했는지, 어떤 방식이 가장 효율적인지 알 수 있다. 이걸 몸으로 익히는 순간, 포장은 자연스럽게 단단해지면서도 가벼워진다.

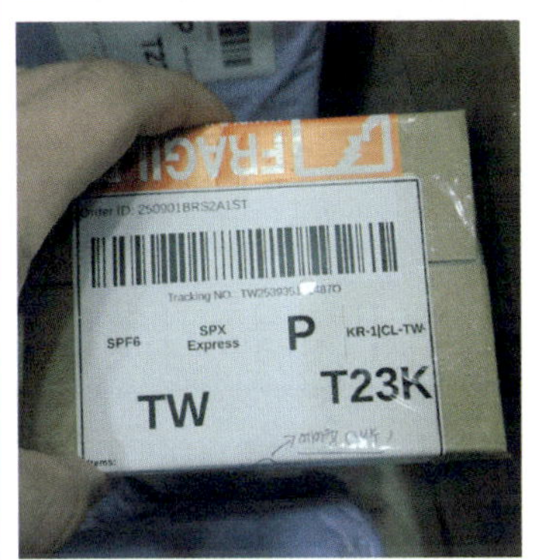

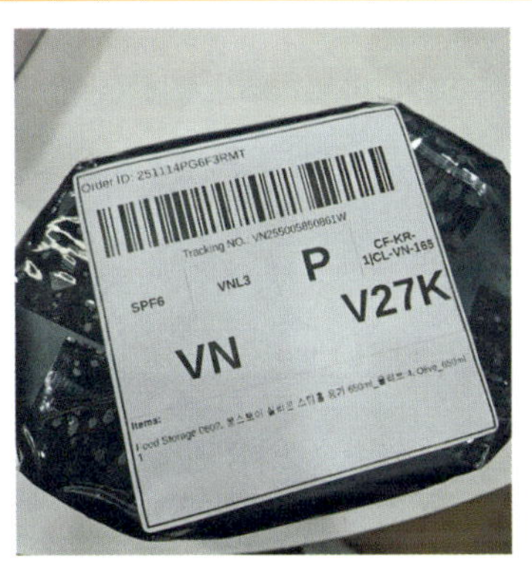

(이미지 출처 : 저자 촬영)

5. 두라 집하지 집하지로 보내는 3가지 방법

상품 포장이 끝났다면 이제 김포에 있는 두라 집하지로 보내야 한다. 보내는 방법은 세 가지다.

① 쇼피 픽업 서비스(SPS) — 빠르고 효율적인 수도권 전용 수거 시스템

두라 집하지 기사님이 직접 방문해 박스를 수거해 가는 방식이다.

1박스 기준 요금은 서울 1,700원, 경기 4,500원(30박스 이상 4,000원)

으로 비용도 저렴하다. 픽업 전용 박스는 70×55×50cm를 초과하지 않
는 이삿짐용으로 쓰는 크기의 넉넉한 박스다. 한 번 픽업이 끝나면 기
사님이 며칠 뒤 박스를 다시 가져다줘서 몇 개만 준비하면 돌려가며 쓸
수 있다. 이 서비스의 최대 장점은 당일 입고다. 기사님이 수거해 간 박
스는 그날 바로 두라 집하지에 도착한다. 덕분에 배송 진행이 빠르다.
단, 픽업 서비스는 수도권 지역만 가능하다.

② 택배로 보내기 — 어디서든 가능한 표준 방식

픽업 서비스 이용이 불가능한 지역이라면, 택배 발송으로 처리하면
된다. 픽업 서비스보다 집하지에 하루 정도 늦게 도착해도 걱정할 필요
는 없다. 이럴 때 사용하는 기능이 바로 '프리디클레어(Pre-Declare)'다.
프리디클레어는 상품이 집하지에 아직 도착하지 않았더라도, 국내 택
배 송장번호를 미리 입력하면 시스템상 주문 상태를 '배송 중(Shipped)'
으로 전환하는 기능이다. 이 기능을 활용하면 실제 집하지 도착 시점과
관계없이 DTS(발송기한)를 안정적으로 지킬 수 있다. 국내 택배로 발송
할 경우, 다음 주소로 상품을 보내면 쇼피 해외 배송 절차가 이어진다.

이 주소는 쇼피 해외 배송을 담당하는 공식 집하지 주소다.

픽업 서비스를 이용하는 경우 → 기사님이 이곳으로 수거

택배로 보내는 경우 → 셀러가 직접 이 주소로 발송

두 방식 모두 최종 도착지는 동일하다.

③ 직접 방문 — 가장 확실하지만 가장 손이 많이 드는 방법

직접 두라 집하지에 상품을 가져다 놓는 방법도 있다. 당일 입고는 확실하지만, 시간과 이동 비용이 들어 생활동선에 있거나 급한 주문일 때만 추천한다. 처음엔 몇 번쯤 직접 가보는 것도 좋다. 수북이 쌓인 박스들을 보면 '이 시장이 정말 크구나.' 하는 실감이 든다

6. 프리디클레어(Pre-Declare) : 시스템이 먼저 움직이게 하라

픽업 서비스는 기사님이 오기 전에, 택배는 송장번호가 발급되자마자 사전입고(Pre-Declare) 처리를 해두자. 상품이 두라 집하지에 실제로 도착하지 않아도, 시스템상 '배송 중(Shipped)'으로 전환되기 때문에 DTS(발송기한) 페널티를 예방하는 핵심 단계다.

픽업은 기사님이 바코드를 스캔하는 즉시, 택배는 집하 후 약간의 시간이 지나면 자동으로 배송 상태가 업데이트된다. 당신이 먼저 움직이면, 시스템도 함께 움직인다.

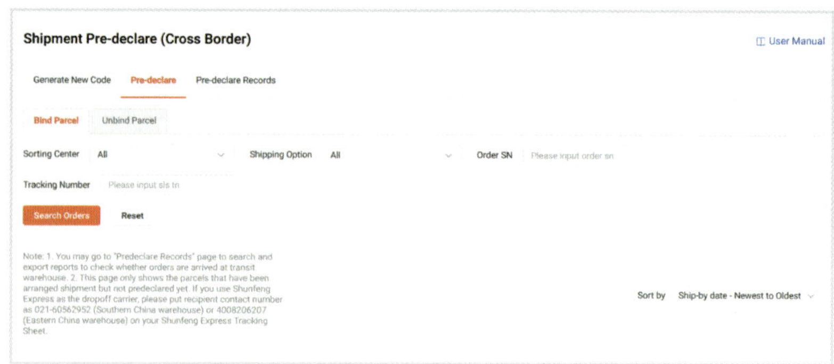

〈셀러센터의 프리디클레어(Pre-Declare) 입력 화면〉
(이미지 출처 : 한국 셀러센터)

7. 정산은 어떻게 되나?

상품이 고객에게 도착하면 'Confirm Receipt(구매확정)' 버튼이 활성화된다. 고객이 이 버튼을 누르는 순간, 정산 절차가 시작된다. 구매확정이 빠를수록, 당신의 정산 일정도 앞당겨진다. 물론 고객이 직접 버튼을 누르지 않아도 괜찮다. 마켓별로 3~7일이 지나면 시스템이 자동으로 구매확정 처리한다. 즉, '구매확정이 안 될까 봐' 지나치게 걱정할 필요는 없다.

정산은 쇼피 월렛(Shopee Wallet) 또는 페이오니아(Payoneer) 두 가지 방식 중 하나를 선택해 받을 수 있다.

> **쇼피 월렛 –** 쇼피의 내부 정산 지갑
>
> **페이오니아 –** 글로벌 송금 플랫폼

이름은 달라 보이지만, 역할은 같다. 둘 다 해외에서 발생한 수익을 한국 계좌로 옮겨주는 중간 다리다.

처음 접하면 '뭘 골라야 하지?', '연결이 어렵지는 않을까?' 이런 걱정이 먼저 들 수 있다. 실제로 많은 초보 셀러가 정산 단계에서 가장 긴장한다. 하지만 구조는 생각보다 단순하다. 정산 수단을 하나 선택하고 본인 인증과 계좌 정보를 입력한 뒤 쇼피 계정에서 연결하면 끝이다.

한 번 연결해두면 그 이후 정산은 자동으로 진행된다. 다만, 쇼피 월렛과 페이오니아는 각각 가입 절차와 인증 화면이 다르다. 이 책에서는 모든 화면을 다 담지 않는다. 대신, QR 코드를 통해 내가 정리해둔 자료로 연결한다.

〈페이오니아 & 쇼피월렛 세팅 가이드〉

쇼피 월렛(Shopee Seller Wallet)과 페이오니아(Payoneer)의 차이

쇼피 월렛과 페이오니아, 두 방식 중 어떤 것을 선택해도 정산 원리는 같다. 차이는 수수료와 관리 방식, 그리고 앞으로의 확장성이다.

① 쇼피 월렛 (Shopee Seller Wallet)

쇼피 월렛은 쇼피가 직접 운영하는 내부 정산 시스템이다. 판매 수익이 먼저 쇼피 계정 안 전자지갑에 적립되고, 그 금액을 내가 등록한 국내 계좌로 출금하는 구조다. 쇼피월렛은 런칭 당시에는 출금 수수료가 무료였고, 이후 0.9%로 변경, 현재는 0.8% 수준으로 다시 조정돼 운영되고 있다. 이 수수료는 쇼피 내부 정산 정책에 따라 변경될 수 있다. 그래서 쇼피 월렛을 선택한다면 쇼피 셀러센터에서 현재 적용 수수료를 확인하는 것이 가장 정확하다.

② 페이오니아 (Payoneer)

페이오니아는 글로벌 셀러를 위한 국제 송금 플랫폼이다. 쇼피뿐 아니라 아마존, 이베이 등 여러 해외 마켓의 수익을 하나의 계좌로 통합 관리할 수 있다. 페이오니아의 기본 출금 수수료는 1.2%다. 하지만 쇼피에서 제공하는 전용 링크를 통해 가입한 경우, 0.9%의 우대 수수료가 적용된다. 이 조건 역시 신규가입 유무와 정책 변경 여부에 따라 달라질 수 있다. 최근에는 12개월 동안 총 수취액이 6,000USD(또는 이에 상응하는 금액) 미만인 경우에는 연회비를 부과한다는 안내가 공지된 바 있다. 따라서 페이오니아를 선택할 경우에도 가입 전·후로 반드시 최신 수수료 정책을 직접 확인해야 한다.

그래서 무엇이 더 유리할까?

- 쇼피만 운영한다면 쇼피 월렛 또는 페이오니아 중 현재 수수료와 관리 편의성을 비교해 선택

- 여러 글로벌 마켓을 함께 운영하거나 확장 계획이 있다면 페이오니아 가 구조적으로 유리

수수료 숫자는 분명 중요하다. 하지만 그 숫자는 정책에 따라 언제든 바뀐다. 그래서 이 장에서 정말 전하고 싶은 메시지는 하나다. 어디로 돈이 모이고, 어떤 경로로 출금되며, 내 사업 규모가 커졌을 때도 감당 가능한 구조인가. 정산은 '한 번만 넘기면 끝나는 관문'이다. 이 단계에서 괜히 멈추지 말자. 복잡한 수수료 숫자는 셀러센터와 공식 공지에서 확인하고, 이 책에서는 돈이 흐르는 큰 그림만 이해하면 충분하다.

익숙해지면 루틴이 된다

처음엔 모든 단계가 복잡하게 느껴질 것이다. 하지만 몇 번만 반복하면 손이 기억한다.

상품 등록부터 포장, 출고까지, 한때 낯설었던 과정이 어느새 하루

루틴이 된다. 처음엔 머리가 복잡했지만, 이제는 손이 먼저 움직이고, 그 다음 마음이 따라온다. 그렇게 하루하루 쌓이다 보면 '첫 주문의 긴장감'은 사라지고 '내가 진짜 셀러가 됐구나.' 하는 순간이 찾아온다. 오늘 포장한 한 박스가, 당신의 진짜 여정이 시작된 신호다.

03

포장은 단순하고 깔끔하게

'예쁘게보다, 안전하게. 안전하게보다, 효율적으로.'

이것이 쇼피 셀러의 포장 원칙이다. 화려한 포장이나 감성 브랜딩보다 훨씬 중요한 것이 있다. 쇼피에서는 '해외 배송 중에도 무사히 도착하는 안전한 포장'이 곧 가장 강력한 경쟁력이다. 나는 포장할 때마다 '예쁨'보다 '안전함'을 우선한다. 특히 에어캡으로 꼼꼼히 감싸서 보내면, 고객들이 '포장이 정말 튼튼했다.', '덕분에 안전하게 도착했다.'라고 감사 리뷰를 남기는 경우가 많다. 결국, 해외 배송에서 최고의 마케팅은 '무사히 안전하게 도착하는 포장'이다.

I. 포장 자재 선택

쇼피 셀러의 기본 포장 자재는 세 가지다.

자재		용도	특징
상자 (+에어캡)		유리, 플라스틱, 세라믹 등 파손 위험 상품	내구성 확보, 압력에 강함
폴리백		옷, 쿠션 등 파손 위험이 적은 제품	가볍고 부피 절약, 중량 마진 확보에 유리
안전봉투		생활용품, 부피가 작은 제품 중 파손 위험이 적은 제품	접착식으로 간편하고 깔끔

해외 배송은 무게가 곧 마진이다. 박스를 한 겹 덜 쓰면, 그게 바로 마진으로 연결된다. '단단하지만 불필요한 무게와 부피가 없게', 그 균형을 잡는 것이 셀러의 센스다.

2. 송장은 주소이자 안내서 : 접히지 않게

송장은 단순한 종이가 아니다. 소중한 고객에게 상품이 정확히 도착하도록 안내하는 지도와 같다.

〈셀러센터의 송장 출력 화면〉
(이미지 출처 : 한국 셀러센터)

A4 용지로 송장을 출력해 오려 붙여도 운영에는 문제가 없다. 다만 주문 수량이 늘어나기 시작하면, 10×10cm 규격의 라벨프린터를 사용하는 것이 훨씬 효율적이다. 라벨프린터를 사용하면 출력과 부착 과정이 단순해져서, 포장 속도가 눈에 띄게 빨라진다. 라벨은 가능한 평평한 면에 부착하고, 바코드가 박스 모서리나 접히는 부분을 가로지르지 않도록 주의한다. 내가 사용하는 라벨프린터는 중국 OEM 제품이지만, 시중에서는 Xprinter 브랜드가 가격 대비 성능이 좋고 사용자가 많아 초보 셀러에게도 무난한 선택지다.

3. 포장 순서 루틴

쇼피 포장은 복잡할 필요가 없다. 아래 순서대로만 하면 된다.

① 상품 검수 — **주문상품, 색상, 수량 확인**

② 보호 포장 — **파손 위험에 따라 에어캡 or 폴리백 선택**

③ 송장 부착 — **A4 또는 라벨지로 출력 후 평평한 면에 부착**

④ 외포장 점검 — **눌림, 구김, 바코드 손상 여부 확인**

⑤ 출고용 박스에 넣기 — **픽업, 택배, 직접 방문 중 선택**

이 루틴이 익숙해지면 하루 30건 정도의 포장은 즐기면서 할 수 있다. 포장에 걸리는 시간은 곧 인건비이고, 속도와 효율이 결국 마진을 만든다.

4. 과포장보다 '안정적 미니멀리즘'

쇼피의 해외 배송비는 실제 무게와 부피 무게 중 더 무거운 값으로 계산된다. 즉, 아무리 가벼운 제품이라도 박스가 커지면 배송비가 폭등한다.

> **부피 중량(kg) 계산식 : 가로 × 세로 × 높이(cm) ÷ 6,000**

예를 들어, 500g 상품을 싱가포르로 보낼 때 배송비는 약 SGD 4(약 4,400원), 300g이면 SGD 2.4(약 2,640원)다. 고작 200g 차이에 1,700원 이상의 차이가 생긴다.

이게 바로 무게 관리가 마진에 직결되는 이유다. 가볍지만 크면 배송비가 확 늘어나는 구조다. 그래서 나는 포장할 때마다 이렇게 생각한다. '이 박스를 어디부터 자를까?' 때로는 박스를 자르고 다시 붙여야 할 때가 있다. 부피를 줄이면 그게 곧 마진으로 남는다.

'박스를 자른다고요?' 맞다. 나도 처음엔 어색하고 서툴렀다. 하지만 가위와 테이프만 있으면 내 손 안에서 새로운 크기의 박스가 탄생하는 재미를 누릴 수 있다. 하루 10건 정도까지는 의외로 재미있다. 직접 손으로 효율을 만들어내는 느낌이 든다. 다만, 그 이상부터는 이야기가 달라진다. 재미보다는 어느 순간 무아지경에 가까운 상태를 경험하게 된다.

물론 모든 셀러가 직접 포장을 해야 하는 건 아니다. '쇼픽스' 같은 배송대행지를 이용하면, 일정 비용을 지불하는 대신 번거로운 포장 업무를 맡길 수 있다. 이들은 부피 무게 계산에 익숙해 판매자보다 더 효율적인 포장을 해주는 경우도 많다. 당일 입고된 택배는 오후 6시 이전까지 두라 집하지로 직접 전달해주고, 배송 관련 문의나 처리도 비교적 빠른 편이다. 직접 포장이 부담스럽다면, 배송대행지를 활용해 쇼피를 운영하는 것도 충분히 현실적인 선택지다.

상품 중량 단위: g	싱가포르	말레이시아	필리핀	베트남	태국(ZoneA)	브라질	대만	멕시코
	실제 판매자 부담 해외배송비 (해외배송비-감면액) (cross border shipping cost : hidden fee)							
10	$0.40	RM0.20	₱23.00	5,500 ₫	THB 37.0	R$1.40	NT$1.30	MX$29.20
20	$0.40	RM0.40	₱23.00	5,500 ₫	THB 38.9	R$1.40	NT$2.60	MX$29.20
30	$0.40	RM0.60	₱23.00	5,500 ₫	THB 40.8	R$1.40	NT$3.90	MX$29.20
40	$0.40	RM0.80	₱23.00	5,500 ₫	THB 42.7	R$2.80	NT$5.20	MX$34.20
50	$0.40	RM1.00	₱23.00	5,500 ₫	THB 44.6	R$4.20	NT$6.50	MX$39.20
60	$0.48	RM1.20	₱26.00	6,600 ₫	THB 46.5	R$5.60	NT$7.80	MX$44.20
70	$0.56	RM1.40	₱29.00	7,700 ₫	THB 48.4	R$7.00	NT$9.10	MX$49.20
80	$0.64	RM1.60	₱32.00	8,800 ₫	THB 50.3	R$8.40	NT$10.40	MX$54.20
90	$0.72	RM1.80	₱35.00	9,900 ₫	THB 52.2	R$9.80	NT$11.70	MX$59.20
100	$0.80	RM2.00	₱38.00	11,000 ₫	THB 54.1	R$11.20	NT$13.00	MX$64.20
110	$0.88	RM2.20	₱41.00	12,100 ₫	THB 56.0	R$12.60	NT$14.30	MX$68.20
120	$0.96	RM2.40	₱44.00	13,200 ₫	THB 57.9	R$14.00	NT$15.60	MX$72.20
130	$1.04	RM2.60	₱47.00	14,300 ₫	THB 59.8	R$15.40	NT$16.90	MX$76.20
140	$1.12	RM2.80	₱50.00	15,400 ₫	THB 61.7	R$16.80	NT$18.20	MX$80.20
150	$1.20	RM3.00	₱53.00	16,500 ₫	THB 63.6	R$18.20	NT$19.50	MX$84.20
160	$1.28	RM3.20	₱56.00	17,600 ₫	THB 65.5	R$19.60	NT$20.80	MX$88.20
170	$1.36	RM3.40	₱59.00	18,700 ₫	THB 67.4	R$21.00	NT$22.10	MX$92.20
180	$1.44	RM3.60	₱62.00	19,800 ₫	THB 69.3	R$22.40	NT$23.40	MX$96.20
190	$1.52	RM3.80	₱65.00	20,900 ₫	THB 71.2	R$23.80	NT$24.70	MX$100.20
200	$1.60	RM4.00	₱68.00	22,000 ₫	THB 73.1	R$25.20	NT$26.00	MX$104.20
210	$1.68	RM4.20	₱71.00	23,100 ₫	THB 75.0	R$26.60	NT$27.30	MX$108.20
220	$1.76	RM4.40	₱74.00	24,200 ₫	THB 76.9	R$28.00	NT$28.60	MX$112.20
230	$1.84	RM4.60	₱77.00	25,300 ₫	THB 78.8	R$29.40	NT$29.90	MX$116.20
240	$1.92	RM4.80	₱80.00	26,400 ₫	THB 80.7	R$30.80	NT$31.20	MX$120.20
250	$2.00	RM5.00	₱83.00	27,500 ₫	THB 82.6	R$32.20	NT$32.50	MX$124.20
260	$2.08	RM5.20	₱86.00	28,600 ₫	THB 84.5	R$33.60	NT$33.80	MX$128.20
270	$2.16	RM5.40	₱89.00	29,700 ₫	THB 86.4	R$35.00	NT$35.10	MX$132.20
280	$2.24	RM5.60	₱92.00	30,800 ₫	THB 88.3	R$36.40	NT$36.40	MX$136.20
290	$2.32	RM5.80	₱95.00	31,900 ₫	THB 90.2	R$37.80	NT$37.70	MX$140.20
300	$2.40	RM6.00	₱98.00	33,000 ₫	THB 92.1	R$39.20	NT$39.00	MX$144.20
310	$2.48	RM6.20	₱101.00	34,100 ₫	THB 94.0	R$40.60	NT$40.30	MX$147.20
320	$2.56	RM6.40	₱104.00	35,200 ₫	THB 95.9	R$42.00	NT$41.60	MX$150.20
330	$2.64	RM6.60	₱107.00	36,300 ₫	THB 97.8	R$43.40	NT$42.90	MX$153.20
340	$2.72	RM6.80	₱110.00	37,400 ₫	THB 99.7	R$44.80	NT$44.20	MX$156.20
350	$2.80	RM7.00	₱113.00	38,500 ₫	THB 101.6	R$46.20	NT$45.50	MX$159.20
360	$2.88	RM7.20	₱116.00	39,600 ₫	THB 103.5	R$47.60	NT$46.80	MX$162.20
370	$2.96	RM7.40	₱119.00	40,700 ₫	THB 105.4	R$49.00	NT$48.10	MX$165.20
380	$3.04	RM7.60	₱122.00	41,800 ₫	THB 107.3	R$50.40	NT$49.40	MX$168.20
390	$3.12	RM7.80	₱125.00	42,900 ₫	THB 109.2	R$51.80	NT$50.70	MX$171.20
400	$3.20	RM8.00	₱128.00	44,000 ₫	THB 111.1	R$53.20	NT$52.00	MX$174.20

〈쇼피 국가별 크로스보더 배송비 요율표 예시〉

(이미지 출처 : 저자가 사용 중인 쇼피마진 시트 Shipping Rate(배송료율) 엑셀 화면)

이 요율표는 쇼피 셀러라면 반드시 한 번은 직접 눈으로 확인해봐야 한다. 상품의 무게가 몇 g만 달라져도 국가별로 실제 판매자가 부담하는 해외 배송비가 달라지기 때문이다. 싱가포르, 말레이시아, 필리핀, 베트남, 태국, 브라질, 대만, 멕시코 등 주요 마켓의 무게 구간별 실제 판매자 부담 배송비를 한눈에 확인할 수 있다.

이 표를 기준으로 보면 "포장을 조금만 줄여도 마진이 바뀐다."라는 말이 숫자로 증명된다는 걸 알 수 있다. 그래서 나는 상품 등록 전, 항상 포장 후 예상 무게가 어느 구간에 걸리는지를 먼저 확인한다.

5. 브랜드 감성을 담고 싶다면 — '한 줄 메시지'보다 조금 더

화려한 포장이 아니어도, 작은 디테일 하나가 고객의 기억에 남는다. 땡큐 카드, 샵의 로고 스티커가 붙은 사은품, 리본, 엽서 같은 요소는 사진 리뷰를 유도하고, 샵을 기억하게 만드는 힘이 있다. 이런 작은 정성이 쌓이면 고객은 단순히 '상품'을 산 게 아니라 '좋은 경험'을 샀다고 느낀다. 그래도 과하면 안 된다.

'예쁘게보다, 효율적으로.' 이건 여전히 불변의 법칙이다. 리본보다 진심이, 스티커보다 진정성이 오래 간다. 쇼피 고객은 '예쁜 포장'보다 '안전한 포장'을 기억한다. 그들에게 남는 건 디자인이 아니라, '다시 사고 싶은 가게'라는 인상이다.

〈저자가 포장에 함께 동봉하는 땡큐 카드(왼쪽)와 소소한 사은품〉
(이미지 출처 : 저자 촬영)

포장은 기술이 아니라 습관이다

포장은 셀러의 성격을 닮는다. 복잡한 사람의 포장은 어수선하고, 차분한 사람의 포장은 단순하고 깔끔하다. 그래서 나는 포장을 '기술'이 아니라 '습관'이라 부른다. 매일 같은 루틴으로, 같은 순서로, 같은 기준으로. 그게 쌓이면 어느새 당신의 손이 '프로 셀러의 손'이 되어 있을 것이다. '오늘 포장한 한 상자가, 당신의 신뢰를 포장한 첫 상자가 된다.'

04

해외 배송,
생각보다 어렵지 않다

쇼피의 해외 배송은 복잡해 보이지만, 사실 셀러 입장에서 하는 일은 단 하나다. '두라 집하지 집하지에 보내는 것.' 그 이후부터는 쇼피가 알아서 움직인다.

1. 두라 집하지에 도착하면 일어나는 일

두라 집하지에 상자가 도착하면 입고 확인 → 무게 측정 → 국가별 분류 순으로 진행된다. 다음부터는 쇼피 물류 시스템이 자동으로 해외로 전달한다. 고객은 여러 배송 방식 중에서 자신이 선호하는 것을 선택할 수 있다. 보통 이렇게 나뉜다.

> - 고객 집 앞까지 배송
>
> (5-Day Delivery, Doorstep Delivery, International Express 등)

> - 편의점 반값택배처럼 고객이 직접 수령
>
> (Collection Points, 蝦皮韓國 - 7-11)

셀러는 어떤 배송 채널이든 관계없이 무조건 두라 집하지로만 보내면 된다. 나머지는 쇼피가 알아서 배송한다.

2. 배송채널별 크기 제한

배송 채널마다 보낼 수 있는 박스 크기와 중량이 다르다. 예를 들어, Collection Point 같은 채널은 6kg까지만 허용하고, 한 변이 40cm 이상, 최대 세 변의 합이 120cm 이상이면 배송이 불가능하다. 이걸 일일이 확인해야 할까? 그럴 필요는 없다. 글로벌 SKU에서 상품을 등록할 때 무게 입력 칸 아래에 Parcel Size(포장 사이즈) 입력 칸이 있다. 거기에 가로, 세로, 높이를 정확히 입력해 두면 시스템이 알아서 고객이 선택 가능한 배송 채널을 조절한다. 한 변의 길이가 40cm 이상, 무게가 6kg가량 되는 경우에는 반드시 Parcel Size를 입력해 두자.

마켓	채널명	단위 : cm		단위 : kg	
		최대 세변의 합	최대 한변	최대 중량	최대 부피 중량
싱가포르	Doorstep delivery - Korea	300	100	30	30
	5 Day Delivery	240	120	30	30
	Collection Point	120	40	6	6
말레이시아	Doorstep delivery - Korea	300	125	30	30
	5 Day Delivery	300	125	30	30
태국	International Express - ส่งจากต่างประเทศ	175	100	20	20
필리핀	Standard International	240	180	50	50
	Express International	240	180	50	50
브라질	Expresso Padrão - Coréia	200	100	30	30
멕시코	Envío Estándar - Productos Especiales - Corea	300	100	10	10
대만	蝦皮韓國 - 宅配	150	70	20	20
	蝦皮韓國 - 711	105	45	10	10
	蝦皮韓國 - 菜爾富	105	45	10	10
	蝦皮韓國 - 蝦皮店到店	105	45	10	10
	蝦皮韓國 - 快速到貨（蝦皮店到店）	105	45	10	10
베트남	Standard Express - Korea	180	60	15	15
	5 Day Delivery	180	60	15	15

〈각 국가별 채널에 따른 발송 규격표〉
(이미지 출처 : 쇼피코리아 판매자 교육 허브)

판매자 교육 허브(Seller Education Hub)에서 '발송 규격'을 검색해도 내용을 확인할 수 있다. 각 채널별 박스 크기 기준표가 이미지로 정리돼 있다. 당신이 포장 작업을 하는 벽면에 배송규격표를 출력해 두면, 다시 한번 배송 규격 초과라는 실수를 피할 수 있다.

3. 고객이 '언제 받을 수 있나요?' 물을 때

이 질문은 정말 자주 들어온다. 나도 처음엔 매번 답변을 다르게 했다. 지금은 이렇게 딱 정해놓았다.

"Your parcel has been shipped and will arrive at Shopee Korea Sorting Center today. Usually it takes around 4-5 days to reach your country, but the exact delivery time may vary. For detailed tracking, please check with Shopee Customer Service."
(고객님의 소포는 이미 발송되었으며, 오늘 중으로 Shopee Korea Sorting Center에 도착할 예정입니다. 일반적으로 고객님의 국가까지 배송되기까지는 약 4~5일 정도 소요되지만, 정확한 도착 시점은 배송 상황에 따라 달라질 수 있습니다. 자세한 배송 조회는 Shopee 고객센터를 통해 확인해 주세요.)

이렇게만 해도 충분하다. 보통은 4~5일이면 도착하지만, 현지 배송 상황에 따라 달라질 수 있다. 고객이 다급하게 묻더라도 '오늘 발송할 예정'이라고 차분히 안내하면 된다. 자세한 것은 쇼피 고객센터에 문의하라고 안내하면 된다. 대부분은 고맙다고 답한다. 빨리 받고 싶은 마음은 만국 공통이다.

4. 해외 배송, 알고 보면 국내 배송보다 단순하다

국내 택배는 택배사마다 시스템이 다르고, 주소 누락이나 반송도 잦다. 하지만 쇼피의 해외 배송은 정해진 루틴이 있다.

끝이다. 우리는 '해외로 보내는 사람'이 아니라 '두라 집하지까지 정확히 보내는 사람'이다. 이 흐름만 이해하면, 해외 배송은 전혀 어렵지 않은 것이 된다.

5. 거창함 없는 쇼피 해외 배송

나도 처음엔 '해외 배송이라니, 뭔가 거창하네.'라고 생각했다. 그런데 알고 보니, 그저 택배 한 상자를 조금 더 멀리 보내는 일일뿐이었다. 한국에서 보낸 내 상자가 싱가포르의 누군가의 책상 위에서 열리고, 대만의 누군가의 손에서 미소로 바뀌는 일. 그걸 가능하게 해주는 게 바로 쇼피다. '두라 집하지까지 정확히 보내는 것', 그게 해외 배송의 전부다.

마진과 정산,
루틴으로 이해하자

쇼피는 수수료 구조가 복잡하고 자주 바뀌기 때문에 많은 초보 셀러가 이 부분에서 두려움을 느낀다. 하지만 원리를 한 번만 이해하면, 8개 모든 마켓의 계산 방식도 결국은 같다. 그래서 여기서는 쇼피 싱가포르의 실제 사례를 가지고 마진 계산부터 정산까지의 과정을 하나씩 시뮬레이션해 보자.

여기서 배운 내용을 토대로 판매자 교육 허브에서 최신 수수료율을 확인해 엑셀 시트로 직접 관리해도 좋고, 혹은 쇼피 자동화 툴 '셀잇 파파' 같은 쇼피 자동화 툴을 활용해도 좋다. 결국, 내가 등록한 상품의 진짜 마진을 알고 싶다면 수수료 구조 이해는 필수다.

마진은 계획이고, 정산은 결과다

쇼피 초보 셀러에게 마진과 정산을 설명하기 시작하면, 가장 많이 듣는 말이 있다.

"그래서 수수료가 얼마라구요?"

그만큼 처음엔 마진 구조가 어렵게 느껴진다. 얼마에 팔아야 얼마가 남는지 감이 안 잡히니까, 다른 셀러 가격을 그대로 따라 올리는 경우도 꽤 많다. 그런데 그 셀러가 도매 사입 기준으로 가격을 정했다면? 그땐 완전히 낭패다. 역마진을 경험하게 된다. 그리고 이런 제품이 한두 개가 아니라는 점이 더 큰 문제다. 이런 실수를 하지 않기 위해 쇼피 싱가포르 마켓 기준으로 실제 한 제품이 팔렸을 때의 구조를 함께 살펴보자.

① 리스팅가와 판매가

예를 들어, 2만 2천 원짜리 텀블러를 38달러에 판매한다고 해보자. 하지만 쇼피에서는 바로 38달러에 등록하지 않는다. 판매가는 38달러지만, 리스팅가(할인 전 정가)는 그보다 높게 설정해야 한다.

이유는 간단하다. 쇼피의 기본 마케팅 툴인 디스카운트 프로모션(Discount Promotion)을 적용하기 위해서다. 이 기능은 단순히 가격을 낮추는 도구가 아니라, 구매자에게 신뢰를 주는 심리적 장치다. '원래

이 정도 가치가 있는 상품인데, 지금은 혜택을 받고 있다.'라는 인식을 만들어 주는 것이다. 즉, 할인은 '가격 인하'가 아니라 '구매 설득'의 수단이다.

그래서 실제 등록은 이렇게 진행된다.

리스팅가(할인 전 정가) : 54.3달러

판매가(할인 후 실제 판매가) : 38달러

그럼 고객 화면에는 이렇게 표시된다.

'$54.3 → $38 (30% OFF)'

30% 할인율을 적용하기 위해 $54.3를 리스팅 가격으로 설정했지만, 꼭 54.3달러일 필요는 없다. 68달러로 올려두고, 판매가를 38달러로 맞추면 단지 할인율만 44%로 바뀔 뿐이다.

'$68 → $38 (44% OFF)'

결국 고객이 실제로 결제하는 판매가는 동일한 38달러다.

② 고객은 38달러만 결제하지 않는다

하지만 고객이 결제하는 금액은 38달러가 아니다. 싱가포르는 GST(부가세) 9%가 별도로 붙는다. 그래서 실제 결제 금액은 다음과 같다.

38달러 + 9%(GST) = 41.42달러

즉, 우리는 38달러로 판매가를 설정했지만, 쇼피에서 노출되는 가격은 41.42달러이고 고객은 이 노출가격으로 결제한다. 정리하자면, 쇼피에는 총 4가지 가격이 존재한다.

구분	의미
글로벌 가격	시스템 상의 기준가
리스팅 가격	할인 전 등록가
판매 가격	할인 후 실제 판매가
노출 가격	부가세 포함된 상품 노출가

③ 어디서 어떻게 빠지는 걸까?

항목	설명	금액(SGD)
노출가격 (고객 결제금액)	**GST 9% 포함**	**$41.42**
판매자 부담 배송비	320g 기준 요율표 금액	$2.56
샵 바우처	3% 샵바우처 발행 시	$1.24
쇼피 수수료	(판매가 – 바우처) x 13.35%	$4.91
거래 수수료	(노출가격 – 바우처) x 3%	$1.21
GST(부가세) 차감	간접 공제분	$3.31
실제 정산금	**판매자에게 남는 금액**	**$28.2**

*싱가포르 쇼피수수료 = 13.35% / *싱가포르(SG) 거래수수료 = 3%

고객이 41.42달러를 결제해도 그 금액이 그대로 셀러에게 들어오는 건 아니다. 배송비, 샵 바우처, 수수료, GST 등을 하나씩 제하면 실제로 셀러에게 남는 금액은 약 28.2달러다. 이 금액이 바로 우리의 '정산 전 수입'이다.

④ 이제 원화로 바뀌는 순간

이 돈은 바로 통장으로 들어오지 않는다. 먼저 쇼피 월렛이나 페이오니아에 적립된다. 정산금은 출금할 때 출금 수수료 0.9%가 먼저 차감되고, 그 다음 출금 당시 환율이 적용된다. 예를 들어, 이번 거래의 실제 정산금이 28.2 싱가포르 달러이고 환율이 1,100원이라고 가정해보자.

$$28.2 \text{ 싱가포르 달러} \times (1 - 0.009) = 27.94\text{달러}$$

$$27.94 \text{ 싱가포르 달러} \times 1{,}100\text{원} = \text{약 3만 734원}$$

즉, 이 거래 한 건으로 약 3만 700원 정도가 실제 통장에 입금되는 구조다. 여기서 제품 매입가 2만 2천 원을 차감하면, 8,700원이 이 주문으로 버는 진짜 수익이 된다.

⑤ 정산은 언제, 어떻게 들어오나

쇼피의 정산은 주문이 끝나자마자 이루어지지 않는다. 고객이 상품을 받고 '구매확정(Confirm Received)'을 해야 그 주문이 정산 대기 상태로 넘어간다. 만약 고객이 구매확정을 누르지 않았다고 해도 괜찮다.

3일 또는 7일 후 시스템이 자동으로 구매확정한다.

각종 수수료와 배송비 등을 모두 공제한 뒤, 남은 금액을 쇼피 월렛에 적립한다. 정산은 주 단위(Weekly Settlement)로 진행된다. 예를 들어, 6월 5일~11일 사이에 구매 확정된 주문이라면 6월 14일~22일 사이에

순차적으로 정산된다.

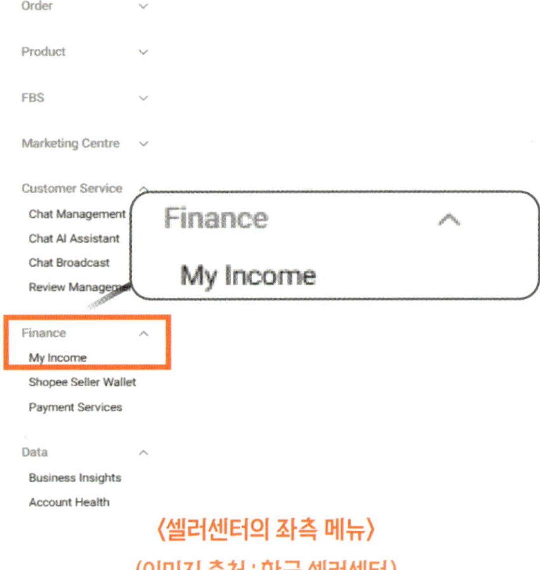

〈셀러센터의 좌측 메뉴〉
(이미지 출처 : 한국 셀러센터)

셀러센터의 좌측 메뉴 Finance → My Income을 클릭하고, 메인계정의 비밀번호를 입력한다. 그러면 다음 화면이 나타난다.

〈셀러센터의 My income 화면〉
(이미지 출처 : 한국 셀러센터)

To Release에 표시된 금액이 곧 입금될 예정인 정산금이다.

Pending 금액 = 아직 구매 확정이 되지 않은 금액

To Relaese = 구매 확정 후 정산 대기 중인 금액

Released = 해당 주간에 정산된 금액

⑥ 루틴으로 만들어야 하는 이유

마진 계산은 상품을 등록할 때 한 번 하고 끝나는 일이 아니다. 그건 어디까지나 '예상치'일 뿐이다. 실제 정산 데이터를 보면서 내 계산과 얼마나 차이가 나는지를 주기적으로 확인해야 한다. 제품 무게가 내 예상과 다를 수도 있고, 구매자가 바우처를 적용할 수도, 안 할 수도 있다. 혹은 수수료 변동을 놓치는 경우도 생긴다.

나의 정산 확인 루틴

- 매주 토요일 오전 셀러센터

→ My Income 메뉴에서 정산 자료 다운로드

- 판매가 대비 실제 정산 금액 비교

이걸 매주 반복하다 보면, '이번 주에 얼마 벌었지?'와 함께 '이번 주엔 어떤 상품이 제일 효율이 좋았지?'라는 조금 더 중요한 질문도 함께 할 수 있게 된다. 마진 계산은 계획이고, 정산 관리는 그 계획이 현실이 되는 과정이다. 그리고 그 둘을 이어주는 게 바로 루틴이다.

CHAPTER **4**

초보 셀러라면
꼭 한 번은 하는 실수들

쇼피를 처음 시작했을 때, 나는 하루가 멀다 하고 실수를 했다. 그때는 창피했고, 조급했다. 하지만 지금 돌아보면 그 시절의 실수는 전부 값비싼 수업료를 치른 가장 현실적인 교재였다.

상품을 잘못 등록해 하루를 통째로 날린 적도 있었고, DTS(발송기한)를 놓쳐 계정이 페널티를 받아 곤란에 빠진 적도 꽤 있었다. 무게를 잘못 계산해 주문 한 건으로 만 원이 넘는 손해를 본 날도 있었다.

가장 뼈아팠던 건 관세였다. 관세라는 개념을 제대로 이해하지 못한 채 판매를 이어가다 보니, 태국 마켓에서 누적된 관세가 천만 원이 넘게 빠져나가고 있다는 사실을 뒤늦게 알게 됐다.

나는 당시 이렇게 생각했다. '관세가 부과되면 고지서가 오겠지. 그때 가서 처리해도 늦지 않겠지.' 하지만 현실은 달랐다. 관세는 별도 고지서로 알려주지 않는다. 내가 받아야 할 정산금에서 자동으로, 조용히, 야금야금 빠져나가고 있었다.(관세와 관련된 구체적인 구조와 국가별 주의사항은 이번 챕터 '관세의 역습'에서 자세히 다룬다.)

판매는 계속 일어나고 있었고, 정산금으로 관세를 메우고, 그 정산금이 줄어들어도 또 판매는 이어지고... 마치 현금서비스로 돌려 막기를 하는 것처럼 매출과 관세가 서로를 갉아먹는 구조였다. 이미 엎질러진 물이었다. 되돌릴 방법은 없었다. 그래서 나는 생각을 바꾸기로 했다.

어찌 되었든, 그 기간 동안 태국 마켓에서는 판매가 쌓였고, 리뷰가 남았고, 팔로워가 늘어났고, 상품 페이지는 알고리즘에 남았다. 그래서 나는 그 천만 원을 '손해'가 아니라 '홍보비'라고 생각하기로 했다. 물론 다시 겪고 싶은 경험은 아니다. 하지만 그 일을 계기로 나는 쇼피는 감으로 운영하는 플랫폼이 아니라, 구조를 이해한 사람에게 유리한 플랫폼이라는 걸 배웠다.

이 챕터에서는 초보 셀러가 가장 자주 하는 실수를 중심으로 그 실수가 왜 일어나는지, 그리고 어떻게 하면 같은 함정에 빠지지 않을 수 있는지를 정리했다. 이건 단순한 문제 해결서가 아니다. '나도 그랬다.' 라는 고백의 기록에 가깝다.

실수를 두려워하지 말자. 그건 단순한 잘못이 아니라 내가 지금 배우고 있다는 증거다. 이 장을 읽다 보면 '아, 나도 그랬지.'하고 고개를 끄덕일 순간이 분명히 있을 거다. 그때마다 스스로를 탓하지 말고 이렇게 생각해보자. '이건 내가 성장하고 있다는 신호다.'

상품 등록 실수

: 단위의 함정

상품 등록할 때 가장 많이 하는 실수는 단위다. 숫자는 분명 맞게 썼는데, 결과를 보면 '이게 왜 이렇게 나왔지?' 싶은 경우 말이다. 사실 대부분은 단위가 다르다는 걸 인지하지 못해서 생기는 실수다.

무게값 단위 실수

쇼피코리아의 배송요율표에서는 g(그램) 단위로 되어 있지만, 상품 등록은 kg(킬로그램) 단위다. 마진 계산할 땐 600g으로 계산하고, 등록할 때 그대로 '600'을 입력하면 600kg이 된다. 사람이 들 수 없는 무게다. 당연히 등록되지 않는다. 600g이면 0.6kg을 적으면 된다. 이건 상품 등록이 익숙하지 않아서 생기는 가장 흔한 초보 실수다.

화폐 단위 실수

이건 정말 많이들 한다. 특히 베트남(VN) 마켓에서 자주 터진다. 베트남은 우리가 쓰는 쉼표(,) 대신 마침표(.) 를 천 단위 구분 기호로 쓴다. 즉, 1,000,000 VND가 아니라 1.000.000 VND다.

이걸 모르고 소수점으로 착각하면, 5만 원짜리 상품을 50원에 올리는 꼴이 된다. 왜 이런 일이 생기냐면, 베트남·브라질처럼 유럽식 숫자 표기 방식을 쓰는 나라는 '천 단위'를 쉼표가 아니라 마침표로 구분하기 때문이다.

게다가 화폐 단위 자체가 크다 보니, 처음엔 대부분 '1.000.000'을 보고 '아, 1,000동이구나.' 하고 착각한다. 그래서 실제로는 100만 동(약 5만 원)짜리 제품을 1,000동(약 50원)에 올리는 경우가 정말 많다. 이걸 깨닫는 순간은 이미 수십 건의 주문이 밀려든 후다. '아니, 내 제품이 50원이라니...?' 그러니 등록 전엔 꼭 한 번 더 확인하자. 이건 소수점이 아니라 천 단위 구분 기호다.

화폐 기호 혼동

이건 은근히 헷갈린다. 싱가포르 달러(SGD)와 미국 달러(USD)는 둘다 $로 표기된다. 문제는 셀러센터와 정산 페이지, 그리고 각 마켓의 화면마다 이 통화 단위가 다르게 표시된다는 거다. 예를 들어,

KRSC(한국 셀러센터) : 미국 달러(USD) 또는 원화(KRW) 기준 (가입 시 선택 가능)

마켓별 페이지 : 각국 통화 기준 (예: SGD, TWD, PHP, MYR 등)

즉, 같은 $ 표시라도 나라마다 전혀 다른 화폐를 뜻한다. 예를 들어,

$1 USD ≈ 1,470원

$1 SGD ≈ 1,140원

그런데 화면엔 둘 다 그냥 '$1'로만 나온다. 이걸 모르고 정산 금액을 보면, '어? 정산이 너무 적은데?' 혹은 '갑자기 이익이 늘었네?' 하며 착각하기 쉽다. 표기가 같다고 금액도 같은 건 아니다. 쇼피는 글로벌 통합 시스템이지만, 각 마켓은 '현지 통화 기준'으로 운영된다. 그래서 정산이나 가격 비교를 할 때는 꼭 한 번 이렇게 확인하자. '이건 어느 나라 돈이지?'

이 질문 하나만 습관이 되면 통화 혼동으로 인한 실수는 거의 사라진다.

배송 실수

: 잘못 보냈을 때 대처법

상품을 아예 잘못 보내거나, 수량이 틀린 경우는 생각보다 자주 일어난다. 주문이 수십 건씩 밀린 상황이라면 그럴 수도 있겠다고 이해하지만, 웃긴 건 주문이 하루에 1~2건밖에 없을 때도 이런 실수가 생긴다는 거다. 이유는 단순하다. 송장에 제품명이 명확하게 표기되지 않게 설정했기 때문이다. SKU(재고관리번호)에 아무런 정보가 없으면, 포장할 때 어떤 상품인지 헷갈리기 쉽다. 그래서 상품 등록할 때 SKU 값에는 반드시 내가 구분할 수 있는 제품명이나 고유번호를 넣어두는 게 좋다.

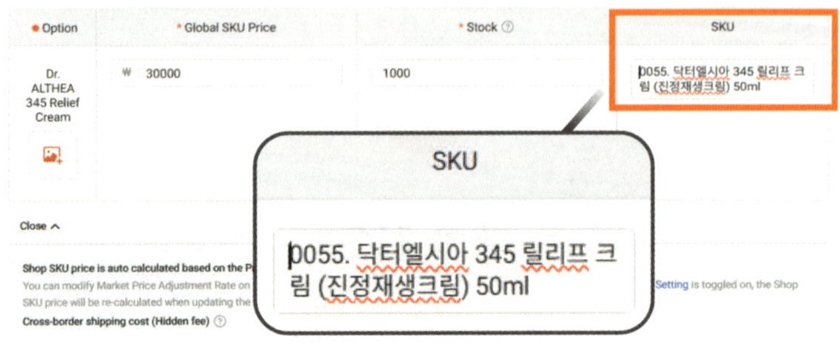

〈셀러센터의 SKU 입력 화면〉
(이미지 출처 : 한국 셀러센터)

이 습관 하나로 포장 실수의 90%는 예방된다. 하지만 이미 상품을 잘못 담아서 택배로 보내는 사건이 벌어졌다면 이제 수습해 보자.

두라 집하지에서 스캔 전이라면 : '인터셉트(Intercept)' 요청

아직 두라 집하지에서 스캔이 찍히지 않았다면, 인터셉트 요청으로 배송을 멈출 수 있다.

1. 쇼피 헬프센터에 연락해 '인터셉트 요청'을 한다.

→ 두라 집하지 집하지에서 배송을 중단한다.

2. 송장 재출력 요청

→ 셀러센터 My order에서 새 송장 출력을 요청한다. 약 1시간 후 송장을 재출력할 수 있다.

3. 정상 상품 재포장 후 재발송

→ 올바른 상품으로 다시 두라 집하지에 보낸다.

4. 인터셉트 해제 요청

→ 멈췄던 배송이 다시 재개된다. 첫 번째 잘못 보낸 박스는 두라 집하지 요청을 통해 착불로 반송된다.

이미 두라 집하지에서 스캔이 찍혔다면

이제 방법이 없다. 그럴 땐 고객에게 솔직하게 말하는 게 가장 빠르다.

"너무 죄송합니다. 상품이 잘못 발송된 것 같습니다. 번거로우시겠지만 택배를 받은 후에 부분 환불을 신청해주시겠어요? 그리고 재주문 해주시면 감사하겠습니다"

또는 수량을 덜 보낸 경우라면,

"고객님께서 2개를 주문하셨는데, 실수로 1개만 보낸 것을 뒤늦게 알게 되었습니다. 제가 100% 무료 프라이빗 바우처를 보내드릴테니 다시 주문해주실 수 있나요? 빠르게 출고하겠습니다."

프라이빗 바우처는 특정 고객에게만 발급되는 개인 전용 쿠폰으로, 100% 할인 설정 시 무료 재주문이 가능하다.(챕터6 '효율이 달라지는 마케팅툴 활용법' 참고) 이렇게 하면 고객은 손해 보지 않고, 판매자는 '주문 불이행' 페널티를 피할 수 있다. 제품 누락으로 인한 부분 환불은 주문 불이행으로 처리된다. 그래서 부분 환불 대신 100% 프라이빗 바우처로 재주문을 유도하는 게 가장 현명하다. 실수는 누구나 한다. 하지만 '인터셉트'와 '프라이빗 바우처' 이 두 가지 방법을 알아두면 대부분의 위기를 매끄럽게 수습할 수 있다. 그리고 잊지 말자. SKU에 제품명을 남겨두는 게, 결국 나 자신을 구한다.

무게 실수

: '예상 무게'와 '실제 무게'의 괴리

무재고로 시작하는 셀러라면 대부분 상품을 직접 보지 못한 채 등록부터 한다. 그래서 무게는 '감으로 추정해서 올리는 값'인 경우가 많다. 문제는 실제로 상품을 받아봤을 때 생긴다. '어? 생각보다 크네? '이게 이렇게 무거웠다고?'

그때 비로소 깨닫는다. 예상 무게와 실제 무게는 다르다. 이럴 땐 반드시 마진을 다시 계산해야 한다. 해외 배송은 국내 배송과 다르다. 몇백 그램만 차이 나도 배송비가 눈에 띄게 달라진다. 초보자가 가장 많이 하는 실수 중 하나가 바로 이 '무게 오차'다.

나도 초창기엔 이 문제로 진땀을 뺐다. 그래서 결국 디지털 저울을

집에도 하나, 사무실에도 하나 두었다. 심지어 나중엔 전통시장에서 자주 볼 수 있는 아날로그 저울까지 샀다. 처음엔 인터넷에서 제품 상세 정보를 찾아보고, 그래도 안 나오면 판매자에게 직접 물었다.

"혹시 이거 무게가 얼마나 되나요?"

답이 오기 전에, 나는 이미 다른 비슷한 제품을 저울 위에 올려놓고 있었다. 재질이 비슷하면 무게도 비슷하다는 감이 조금씩 쌓였다. 그렇게 하다 보니 이제는 눈으로만 봐도 '이건 250g쯤 되겠다.' 하는 식으로 꽤 정확히 맞추는 경지에 이르게 되었다. 하지만 여기서 중요한 건 '제품 무게'만이 아니다. 포장 방식, 사은품, 박스, 에어캡까지. 이 모든 게 무게에 포함된다. 10g짜리 사은품을 하나 넣어도 그건 결국 배송비를 더 내고 보내는 셈이다. '무료 사은품'이지만, 셀러 입장에선 10g의 비용이 붙은 유료 서비스인 셈이다.

두라 집하지 물류센터에 물건이 도착하면, 다음날 오전에 실제 측정된 무게값이 시스템에 뜬다. 그걸 꾸준히 마진 시트에 업데이트해보자. 몇 번 반복하다 보면 감이 생긴다.

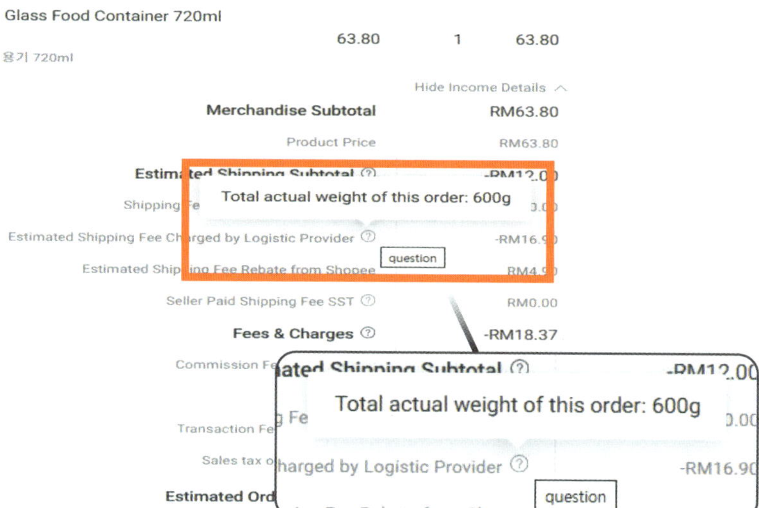

〈주문 내역의 배송비 옆 물음표(?)를 클릭하면 확인할 수 있는 실제 측정 무게〉
(이미지 출처 : 한국 셀러센터)

중량 감각은 단순한 기술이 아니라 셀러의 체감 마진 감각이다. 이 감각이 생기면, 배송비를 아끼는 구조가 자연스럽게 만들어진다.

CS 실수

: 단어 하나가 샵의 운명을 바꾼다

쇼피 채팅창에서 'cancel'이라는 단어는 금지어다. 판매자가 구매자에게 "cancel your order"라고 말하는 순간, 쇼피 시스템은 이렇게 해석한다. '이 판매자는 구매자에게 취소를 유도하고 있다.'

이건 단순한 영어 표현 문제가 아니다. 플랫폼 규정상 'Chat to cancel(채팅을 통한 주문 취소 유도)'는 Customer Service 위반 항목에 해당한다. 다음에 첨부된 쇼피코리아 공식 페널티 규정표를 보면 알 수 있듯, 해당 위반이 발생할 경우 최대 2점의 페널티 포인트가 부과될 수 있다.

Areas of performance	Violations	Penalty points issued per week/ Penalties
Listing Violations	Listing Spam (스팸 리스팅) Prohibited item listing (금지&제한 품목 리스팅) IP infringement / Counterfeit (지적재산권 침해 / 가품&위조 상품 리스팅 Improper shop name (부적절한 샵 이름)	최대 2점
Fulfilment	NFR 주문건의 수 및 NFR 비율이 마켓별 기준 이상일때 (NFR ≥ 60%인 경우 2점 추가 부과) 싱가포르 마켓 예시: NFR ≥ 10% → 1점 NFR ≥ 10% and non-fulfilled orders ≥ 30 → 2점 NFR ≥ 60% and non-fulfilled orders < 30 → 3점 NFR ≥ 60% and non-fulfilled orders ≥ 30 → 4점	최대 4점
	LSR 주문건의 수 및 LSR 비율이 마켓별 기준 이상일때	최대 2점
Fraud	Empty Parcel (빈 소포를 배송한 경우)	싱가포르/베트남 마켓: 15점 그외 마켓: 최대 15점
	Shipping Fraud (리스팅된 상품과 다른 상품을 배송한 경우)	최대 15점
	Fake return address (허위 반품 주소지 설정)	최대 2점
	False transactions attempts (부정 거래 시도)	최대 2점
Unfair Competition	Brushing of orders, reviews, followers and likes. (가짜 주문, 리뷰, 팔로워, 좋아요를 만들어 매출 순위를 올리는 브러싱 행위 등)	계정 정지
Customer Service	Rude & abusive CS (리뷰 또는 챗에서 욕설 또는 적절하지 않은 언어로 답을 남긴 경우) Chat to cancel (판매자가 채팅을 통해 구매자에게 주문 취소 요청) Directing transactions outside of Shopee (쇼피 플랫폼 외에서의 거래 유도 행위) Chat spam (채팅 스팸)	최대 2점 계정 정지
Social Selling	Inappropriate content on Shopee LIVE. This includes explicit/sensitive content and harassment of others. (Shopee LIVE 등에 부적절한 콘텐츠를 올리는 경우)	최대 3점 계정 동결
Shipping Prohibited	Shipping Prohibited items (선적 불가 품목 리스팅)	최대 15점
Appreciation Period	상품 설명, 샵 소개, 구매자와의 대화 내용 등에서 Appreciation Period 정책에 위배되는 콘텐츠 전달	최대 2점
사은품(Add-on deal gift with Min. Spend) 제한 *대만 마켓에만 적용	사은품의 DTS (Days-To-Ship, 배송 기한)가 주요 상품의 DTS보다 긴 경우	최대 2점

⟨쇼피코리아 공식 페널티 규정표⟩

(이미지 출처 : 쇼피코리아 판매자 교육 허브)

문제는 이 점수가 단발성으로 끝나지 않는다는 점이다. 페널티 포인트가 누적되면 다음 같은 불이익이 단계적으로 발생한다.

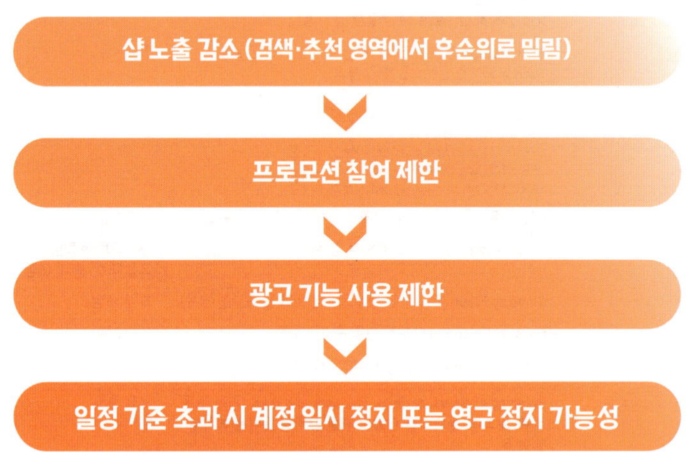

다만 너무 겁먹을 필요는 없다. 쇼피의 페널티 포인트는 분기 단위로 리셋(1월/4월/7월/10월의 첫 번째 월요일)되는 구조다. 즉, 한 번의 실수로 곧바로 회복 불가능한 상태에 빠지는 것은 아니다. 중요한 건 점수를 '안 받는 것'이 아니라, 누적시키지 않는 운영 태도다. 문제가 생겼을 때 원인을 파악하고, 같은 실수를 반복하지 않으면 충분히 관리 가능한 범위다.

- 페널티 포인트는 항목과 무관하게 판매자에게 부과된 모든 **모든 페널티 포인트를 합산**하여 계산되며, 판매자는 누적 페널티 포인트에 따른 제재를 차등으로 적용받게 됩니다. (우측 차트 참조)

- 누적 페널티에 따른 판매자 제재는 모두 **28일동안 유지**되며 28일이 경과된 후 관련 규정들을 적절히 준수하실 경우 쇼피측 판매자 지원 사항들은 모두 정상적으로 유지되게 됩니다.

- 모든 페널티 포인트들은 **매 분기** (1월/ 4월/ 7월/ 10월) **의 첫번째 월요일에 0으로 리셋**됩니다.

- ***주의* Preferred seller**는 페널티 점수를 3점 이상 받을 경우 'Preferred Seller' 타이틀을 잃게 됩니다. (마켓별로 상이할 수 있으므로 Preferred seller 아티클에 제공된 현지 아티클을 통해 정확한 기준을 확인해 주세요)

- 15점을 받은 후에도 페널티 포인트가 계속 발생 시, 페널티 기간이 끝날 때까지 5 티어에 대한 제재를 계속 받게 됩니다.

누적 페널티 포인트	3	6	9	12	15
페널티 티어 (Penalty Tier)	1	2	3	4	5
마케팅 캠페인 참여 불가	●	●	●	●	●
리스팅 제한	● TW: 1000 ID: 100 MY: 500 Others: 200	● TW: 500 ID: 100 MY: 100 Others: 50	● TW: 500 ID: 100 MY: 100 Others: 50	● TW: 500 ID: 100 MY: 100 Others: 50	● TW: 500 ID: 100 MY: 100 Others: 50
배송비 환급 지원금(리베이트) 제한 *(모든 쉬핑 관련 프로모션 참여 제한 + FSS 이용 중이라면 service 수수료 발생 가능)*		●	●	●	●
리스팅된 모든 상품에 대한 추천 및 검색결과 노출 제한 ***moderate: 노출 제한* ***severe: 노출 & 검색 제한*		● (moderate)	● (severe)	● (severe)	● (severe)
상품 리스팅 및 수정 불가				●	●
계정 중지					●
(*Preferred Seller만 해당)* 'Preferred Seller' 타이틀 소멸	●	●	●	●	●

〈페널티 포인트 누적 시 적용되는 제재 구조〉
(이미지 출처 : 쇼피코리아 판매자 교육 허브)

특히 채팅 관련 위반은 '고객 응대 태도'로 분류돼 플랫폼 신뢰도에 직접적인 영향을 준다. 판매자 입장에서는 '도와주려고 한 말'일 수 있지만, 플랫폼 입장에서는 거래 흐름을 인위적으로 끊으려는 시도로 기록된다. 그래서 쇼피 셀러들은 주문 취소가 필요한 상황에서도 절대 cancel이라는 단어를 직접 사용하지 않는다.

'취소' 대신 '철회', 혹은 '다른 표현'을 찾아라

취소라는 단어를 쓰지 않아도 충분히 의사소통은 가능하다. 예를 들어, 이렇게 말할 수 있다.

“Would you like to withdraw this order?”
(주문을 철회해주시겠어요?)

“Maybe it's better to place a new one.”
(새로 주문하는 게 더 나을 거 같아요.)

이건 '취소'가 아니라 '철회' 혹은 '다시 주문'이다. 고객이 스스로 취소를 선택하도록 유도하는 거다. 핵심은 '판매자가 직접 취소하지 않는 것'이다. 판매자가 취소하면 주문 취소율(Order Cancellation Rate)이 올라가지만, 구매자가 취소하면 이 비율을 건강하게 지킬 수 있다. 이 데이터 하나하나가 쌓여서 결국 샵의 신뢰 점수가 만들어진다.

참고로, 정말 부득이하게 언급해야 할 땐 'cancel' 대신 'kancel' 'can-cel'처럼 우회해서 쓰기도 한다. 이건 나만의 비법이 아니라, 쇼피 코리아 공식 교육에서도 실제로 권장하는 팁이다.

채팅 응답률, 그건 곧 신뢰 점수다

또 하나 놓치기 쉬운 지표가 있다. 바로 채팅 응답률(Chat Response Rate)이다. 응답률이 낮은 셀러는 그 자체로 고객에게는 '말 걸기 어려운 사람'이 된다.

- 채팅 응답률 50% A셀러
- 채팅 응답률 100% B셀러

같은 조건이라면 누구에게 먼저 메시지를 보낼까? 응답률 50% A보단 100%인 B에게 먼저 보낸다. 그게 인간 심리다. 좋은 소식은 초보일수록 이 수치를 올리기 쉽다는 거다. 채팅 2건만 제대로 응답하면, 응답률은 바로 100%가 된다. 이런 작은 성취가 샵의 성장 첫 단계다.

고객이 마지막으로 끝내면 100%가 안 된다

이건 내가 직접 겪은 일이다. 모든 채팅을 답했는데도 응답률이 100%가 안 나오는 거다.

이유를 몰라서 답답했는데, 나중에 알고 보니 '마지막 채팅은 반드시 판매자가 해야 한다.'라는 규칙이 있었다. 그래서 나는 이렇게 했다.

고객이 "Thank you!"하면 "Thank you very much!" 고객이 이모티콘을 보내면 나도 이모티콘으로 답한다. 한 번은 필리핀 고객과 내가 대결이라도 하듯이 마지막 채팅을 차지하기 위해 10번 넘게 이모티콘을 주고받은 적도 있다. 계속 답장을 하길래, 어쩔 수 없이 새벽시간을 이용해서 마지막 채팅을 남기는 것에 성공했다. 그렇게 채팅 응답률 100%를 지켜냈다.

05

챗봇과 며칠째 대화 중이신가요?

쇼피 헬프센터는 '접속이 잘 안 되기로 유명한 곳'이다. 접속 직전에 튕기기도 하고, 잠깐 자리를 비운 사이에 상담원이 "부재중이시네요 :)" 하고 일방적으로 상담을 종료하기도 한다. 다시 접속하려면 또 대기. 한 마디로 인내심 테스트의 성지다.

어느 날 한 초보 셀러가 내게 하소연을 했다.

"대표님, 헬프센터 진짜 너무해요. 3일째 답을 안 해줘요. 진짜 너무하죠?"

3일 동안? 아무리 그래도 그건 이상했다. 그래서 물었다.

"혹시 채팅창 화면 좀 캡처해서 보내줄 수 있을까요?"

그리고 나는 그 화면을 보는 순간 터져버렸다. 그 초보 셀러는 3일째 챗봇과 대화 중이었던 것이다. 최대한 민망하지 않게 설명하려고 노력했는데, 그분은 너무 창피해하며 진작 물어볼 걸 그랬다며 스스로를 책망했다. 그런데 나 역시, 예전엔 이걸 몰랐다. 쇼피 헬프센터 접속은 언제나 아내 몫이었으니까.

진짜 상담원을 연결하는 법

1. 셀러센터 우측 메뉴바에서 헬프센터에 접속한다.

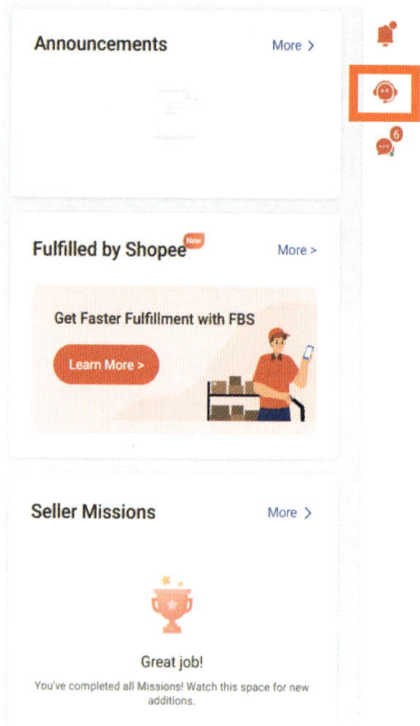

〈셀러센터의 헬프센터 아이콘〉

(이미지 출처 : 한국 셀러센터)

2. 채팅창에 '매니저 연결' 이라고 입력한다.

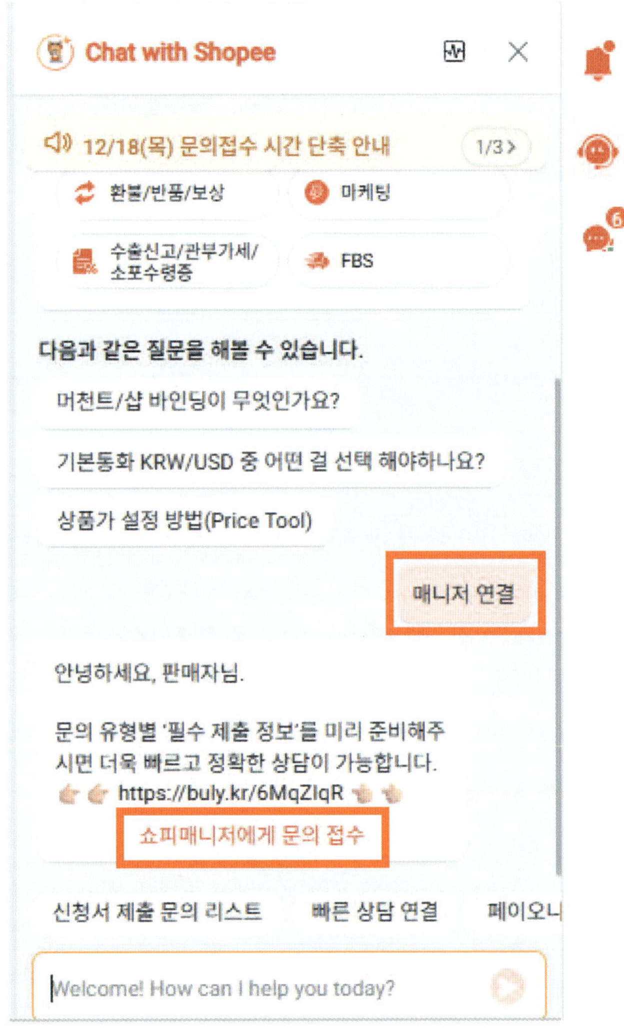

〈셀러센터의 헬프센터 채팅창〉

(이미지 출처 : 한국 셀러센터)

3. 문의할 카테고리를 선택한다.

쇼피매니저에게 문의 접수

Thank you for contacting Shopee. Click a
topic below to connect to an agent:

시스템 이슈

입점

KRSC/Main

계정 정보

리스팅

정산

마케팅

서비스 신청/해지

송장/포장/발송 관련

집하지 입고/픽업 서비스/인터셉트

현지 배송 추적

환불/반품/보상

수출신고/관부가세/소포수령증

FBS (Fulfilled by Shopee)

〈셀러센터의 헬프센터 카테고리 선택 화면〉
(이미지 출처 : 한국 셀러센터)

4. 'You are in queue...' 라는 문구가 뜨면 성공.

5. 상담원이 연결되면 이제부터가 진짜다.

그래서 지금 이 순간에도 어딘가에서는 또 한 명의 초보 셀러가 챗봇에게 하소연 중일지도 모른다.

관세의 역습

: 천만 원이 사라진 날

"관세요? 그건 고객이 내는 거 아닌가요?"

반은 맞고 반은 틀리다. 관세는 국가별 정책에 따라 고객 부담이 되기도 하고, 판매자 부담이 되기도 한다. 이 구조를 정확히 이해하지 못하면, 나처럼 예상치 못한 대가를 치르게 된다.

🇲🇾 **말레이시아** – 판매가 500링깃(약 14만 5천 원) 초과 시 판매자 부담

⭐ **베트남** – 판매가 100만 동(약 5만 5천 원) 이상 시 판매자 부담

🇹🇭 **태국** – 판매가에 관계없이 판매자 부담

이외의 다른 나라(싱가포르, 대만, 필리핀, 브라질, 멕시코)는 모두 구매자가 관세를 부담하므로, 판매자는 신경쓰지 않아도 된다. 하지만 앞의 3개국은 판매자가 관세를 내는 경우가 발생할 수 있으니 유의해야 한다.

말레이시아와 베트남은 비교적 단순하다. 판매가격만 기준선 아래로 관리하면 되고, 여러 상품을 묶어 판매해 기준을 초과할 경우에는 분할 배송(Split Order) 기능을 활용해 하루 간격으로 나누어 보내는 방식으로 관세를 회피할 수 있다.

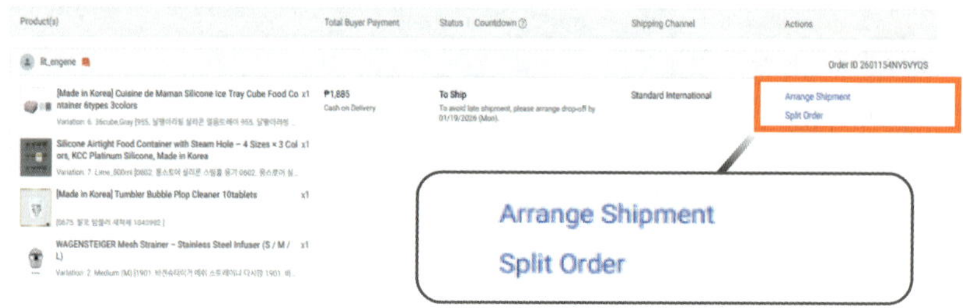

〈주문 내역에서 Arrange Shipment를 누르기 전, Split Order(분할 배송)를 클릭해서 택배를 나눠서 발송할 수 있다.〉
(이미지 출처 : 한국 셀러센터)

문제는 태국이다. 태국 관세는 단순히 판매가격이 아니라 수입신고물품가액(CIF) 기준으로 부과된다. 즉, 가격 + 중량이 함께 관세에 영향을 미친다. 태국에서 사용하는 수입신고물품가액(CIF) 계산식은 다음과 같다.

수입신고물품가액(CIF) = 판매가 + (판매가 × 1%) + (260 × 중량kg)

2025년까지는 수입신고물품가액이 1,500바트 초과 주문에 한해서만 판매자가 관세를 부담했다. 하지만 2026년 1월부터 정책이 변경됐다. 현재는 한국에서 출발하는 모든 주문에 대해 판매자에게 관세를 부과한다. 이에 따라 쇼피코리아는 마크업(Markup) 기능을 도입했다. 예상 관세율을 판매가에 미리 반영해, 판매가격 자체를 높이는 방식이다. 다만 여기에는 한계가 있다.

- 마크업 기능은 판매가 기준
- 실제 태국 세관은 CIF 기준

이 차이 때문에 마크업으로 계산된 금액과 실제 차감되는 관세 사이에 오차가 발생할 수 있다. 그래서 태국에서 안정적인 판매를 하려면 다음을 반드시 직접 확인해야 한다.

관세율 최대 60% — 진짜 무섭다

태국의 관세율은 카테고리에 따라 다르다.

관세가 진짜 무서운 이유는 정산금에서 자동으로 차감되는 구조이기 때문이다. 나 역시 정산 금액이 조금씩 줄어드는 걸 보면서 처음에는 '요즘 환율이 안 좋아서 그런가 보다.'라고 생각했다. 그러다 문득, 초보 시절 들었던 VOD 강의 속 '관세'라는 단어가 머릿속을 스쳤다.

불안한 마음으로 셀러센터를 뒤져 관세 차감 내역을 확인했고, 그때 마주한 숫자는 천만 원이 넘는 금액이었다.

Sequence N	Adjustment	O cost header	scenario	Adjustment amount	Adjustment remark
1	order level	2: Others	Tax Deduction(KR/JP/SIP sellers)	-647.00	KRTH Tax Deduction (Split Order)(Oct23)
2	order level	2: Others	Tax Deduction(KR/JP/SIP sellers)	-1620.00	KRTH Tax Deduction (Split Order)(Oct23)
3	order level	2: Others	Tax Deduction(KR/JP/SIP sellers)	-644.00	KRTH Tax Deduction (Split Order)(Oct23)
4	order level	2: Others	Tax Deduction(KR/JP/SIP sellers)	-1157.00	KRTH Tax Deduction (Split Order)(Oct23)
5	order level	2: Others	Tax Deduction(KR/JP/SIP sellers)	-648.00	KRTH Tax Deduction (Split Order)(Oct23)
6	order level	2: Others	Tax Deduction(KR/JP/SIP sellers)	-543.00	KRTH Tax Deduction (Split Order)(Oct23)
7	order level	2: Others	Tax Deduction(KR/JP/SIP sellers)	-393.00	KRTH Tax Deduction (Split Order)(Oct23)
8	order level	2: Others	Tax Deduction(KR/JP/SIP sellers)	-877.00	KRTH Tax Deduction (Split Order)(Oct23)
9	order level	2: Others	Tax Deduction(KR/JP/SIP sellers)	-356.00	KRTH Tax Deduction (Split Order)(Oct23)
10	order level	2: Others	Tax Deduction(KR/JP/SIP sellers)	-613.00	KRTH Tax Deduction (Split Order)(Oct23)
11	order level	2: Others	Tax Deduction(KR/JP/SIP sellers)	-343.00	KRTH Tax Deduction (Split Order)(Oct23)
12	order level	2: Others	Tax Deduction(KR/JP/SIP sellers)	-395.00	KRTH Tax Deduction (Split Order)(Oct23)
13	order level	2: Others	Tax Deduction(KR/JP/SIP sellers)	-539.00	KRTH Tax Deduction (Split Order)(Oct23)
14	order level	2: Others	Tax Deduction(KR/JP/SIP sellers)	-397.00	KRTH Tax Deduction (Split Order)(Oct23)
15	order level	2: Others	Tax Deduction(KR/JP/SIP sellers)	-269.00	KRTH Tax Deduction (Split Order)(Oct23)
16	order level	2: Others	Tax Deduction(KR/JP/SIP sellers)	-452.00	KRTH Tax Deduction (Split Order)(Oct23)
17	order level	2: Others	Tax Deduction(KR/JP/SIP sellers)	-332.00	KRTH Tax Deduction (Split Order)(Oct23)
18	order level	2: Others	Tax Deduction(KR/JP/SIP sellers)	-270.00	KRTH Tax Deduction (Split Order)(Oct23)
19	order level	2: Others	Tax Deduction(KR/JP/SIP sellers)	-541.00	KRTH Tax Deduction (Split Order)(Oct23)
20	order level	2: Others	Tax Deduction(KR/JP/SIP sellers)	-280.00	KRTH Tax Deduction (Split Order)(Oct23)
21	order level	2: Others	Tax Deduction(KR/JP/SIP sellers)	-678.00	KRTH Tax Deduction (Split Order)(Oct23)
22	order level	2: Others	Tax Deduction(KR/JP/SIP sellers)	-444.00	KRTH Tax Deduction (Split Order)(Oct23)
23	order level	2: Others	Tax Deduction(KR/JP/SIP sellers)	-415.00	KRTH Tax Deduction (Split Order)(Oct23)
24	order level	2: Others	Tax Deduction(KR/JP/SIP sellers)	-1642.00	KRTH Tax Deduction (Split Order)(Oct23)
25	order level	2: Others	Tax Deduction(KR/JP/SIP sellers)	-443.00	KRTH Tax Deduction (Split Order)(Oct23)
26	order level	2: Others	Tax Deduction(KR/JP/SIP sellers)	-351.00	KRTH Tax Deduction (Split Order)(Oct23)
27	order level	2: Others	Tax Deduction(KR/JP/SIP sellers)	-424.00	KRTH Tax Deduction (Split Order)(Oct23)
28	order level	2: Others	Tax Deduction(KR/JP/SIP sellers)	-622.00	KRTH Tax Deduction (Split Order)(Oct23)
29	order level	2: Others	Tax Deduction(KR/JP/SIP sellers)	-901.00	KRTH Tax Deduction (Split Order)(Oct23)
30	order level	2: Others	Tax Deduction(KR/JP/SIP sellers)	-590.00	KRTH Tax Deduction (Split Order)(Oct23)
31	order level	2: Others	Tax Deduction(KR/JP/SIP sellers)	-419.00	KRTH Tax Deduction (Split Order)(Oct23)
32	order level	2: Others	Tax Deduction(KR/JP/SIP sellers)	-304.00	KRTH Tax Deduction (Split Order)(Oct23)
33	order level	2: Others	Tax Deduction(KR/JP/SIP sellers)	-753.00	KRTH Tax Deduction (Split Order)(Oct23)
34	order level	2: Others	Tax Deduction(KR/JP/SIP sellers)	-647.00	KRTH Tax Deduction (Split Order)(Oct23)
35	order level	2: Others	Tax Deduction(KR/JP/SIP sellers)	-311.00	KRTH Tax Deduction (Split Order)(Oct23)
36	order level	2: Others	Tax Deduction(KR/JP/SIP sellers)	-266.00	KRTH Tax Deduction (Split Order)(Oct23)

〈1주일 동안 차감된 관세 내역, 해당 숫자의 통화는 태국 바트다.

100바트 = 약 4,600원〉

(이미지 출처 : 쇼피에서 다운로드 받은 정산 내역)

왜 사람들은 관세 이야기에 관심이 없을까

안타깝게도 내 유튜브 채널에서 가장 반응이 없었던 주제 역시 '태국 관세'였다. ChatGPT 상품 등록, 얼마 벌었는지 등의 영상은 반응이 폭발하는데, 관세 이야기는 늘 조용했다.

대부분의 셀러가 '아직은 내 일이 아니다.'라고 생각하기 때문이다. 하지만 한 번이라도 정산에서 돈이 사라지는 걸 직접 경험하면 안다. 이건 몇 퍼센트 손해의 문제가 아니다. 수익 구조 전체가 무너질 수 있는 문제다.

관세는 어떤 나라에서는 고객이 내는 돈이지만, 어떤 나라에서는 셀러가 책임져야 하는 돈이 된다. 무지는 비용이 된다. 그리고 관세로 빠져나간 돈은, 결코 다시 돌아오지 않는다. 독자들에게 이 말을 꼭 전하고 싶다.

"태국 관세, 진짜 조심하세요!"

외부 거래 제안

: 2천 개를 주문하고 싶습니다

이건 실수라기보다 경고에 가깝다. 하지만 놀랍게도, 초보 셀러의 절반 이상이 한 번쯤은 '혹시나' 하는 유혹을 느낀다.

어느 날 갑자기 채팅창에 이런 메시지가 뜬다.

"Hello, I want to order 2,000 pcs. Can you give me your WhatsApp?"

(안녕하세요? 2천 개를 주문하고 싶습니다. 왓츠앱 아이디 알려주실 수 있나요?)

그 순간, 맥박이 빠르게 뛰기 시작한다. '드디어 내 샵에도 대박 주문이 들어오는 건가?' 이게 바로 희망회로의 시작이다.

〈쇼피 채팅을 통한 외부 거래 유도 사기 사례〉
(이미지 출처 : 쇼피 채팅 화면)

한국에서라면 단번에 사기임을 눈치챘을 것이다. 하지만 동남아 시장은 규모가 크고, 대량 주문 이야기를 자주 듣다 보니 왠지 가능할 수도 있겠다 싶다. 실제로 많은 초보 셀러가 '이게 혹시 진짜라면...' 하고 메시지에 답장을 보낸다. 나도 그랬다. 홍콩에서 큰 사업을 한다는 사람이 명함까지 보내며 토스터기 2천 개를 주문하고 싶다고 했다. 외부 메신저로 대화를 옮기자는 제안도 자연스러워 보였다.

그런데 다행히도, 그 시절에는 ChatGPT가 없었다. 나는 그의 말줄임 영어의 맥락을 이해하기 어려웠고, 질문에 질문으로 답했다. 홍콩 사업가 양반은 그런 내가 답답했는지 화를 내며 채팅방을 나가버렸다. 지금 생각하면 쇼피의 보이스피싱 같은 거였다.

냉정하게 생각해보자. 이제 막 오픈한 샵, 리뷰 0건, 팔로워 몇 명 안 되는 가게에 누가 진짜로 2천 개를 주문하겠는가? 이건 100% 전형적인 외부 거래 유도 사기 패턴이다. 이렇게 흘러간다.

결제 링크, 운송료 선결제, 송금 요청. 이 세 단어가 동시에 등장했다면, 그건 사기 시나리오다.

외부 거래의 위험

쇼피의 모든 거래는 플랫폼 안에서만 이뤄지도록 설계되어 있다. 그런데 만약 채팅 중 외부 거래(Off-platform transaction)를 제안하거나 그걸 수락하면 어떤 일이 벌어질까?

> - 계정이 즉시 정지되거나 영구 동결될 수 있다.
>
> - 이미 진행 중인 주문도 전부 취소된다.
>
> - 쌓아온 리뷰, 팔로워, 평판이 모두 사라진다.

외부에서 결제한 거래는 쇼피의 보호 대상이 아니다. 즉, 돈을 보내도 돌려받을 방법이 없다. 고객이 아니라 셀러가 피해자가 되는 구조다.

상세페이지 링크도 예외 없다

외부 거래는 채팅만의 문제가 아니다. 상품 상세페이지에 다음과 같은 내용이 포함돼도 정책 위반이다.

외부 쇼핑몰 링크	인스타그램 / 카카오톡 / 텔레그램 주소	이메일 주소

이런 게 들어간 상세페이지는 예고 없이 삭제될 수 있다. '이 정도는 괜찮겠지.'는 통하지 않는다.

쇼피 밖에서 오가는 모든 거래 제안은 절대로 응해서는 안 된다. 초보 셀러일수록 '혹시 진짜라면 어떡하지?'하며 망설인다. 하지만 그 한 번의 대화가 당신의 계정을 통째로 날려버릴 수도 있다.

CHAPTER 5

쇼피 셀링,
AI랑 같이 하면 진짜 달라진다

내가 쇼피를 시작하던 시절에는 ChatGPT가 없었다. 번역은 파파고에 맡겨야 했고, 상품 설명 문장은 한 줄도 내가 직접 써야 했다. 지금 돌아보면 고된 시간이었지만, 덕분에 나는 한 가지 습관을 몸으로 익혔다. '어떤 문장이 팔리는 문장인가', '이 제품은 어떤 이유로 설명해야 설득력이 생기는가'를 고민하는 습관 말이다. 그건 글쓰기 기술이 아니라, 셀러로서의 사고방식에 가까웠다. 고객이 무엇을 궁금해할지, 어디에서 망설일지, 어떤 말에 안심하는지를 계속 상상하는 훈련이었다.

지금은 시대가 완전히 달라졌다. ChatGPT가 상품 설명도 써주고, 리뷰 답변도 정리해주고, 고객 감정까지 분석해준다. 덕분에 작업 속도는 놀라울 정도로 빨라졌고, 초보 셀러도 훨씬 쉽게 쇼피를 시작할 수 있게 됐다. 이건 분명 긍정적인 변화다. 하지만 요즘 들어 자주 보는 장면이 하나 있다. ChatGPT가 만들어준 문장을 그대로 복사해 붙여 넣는 작업만 반복하다 보니, 쇼피 샵들의 문장이 점점 비슷해지고 있다는 점이다. 그 문장들이 틀린 것은 아니다. 대부분 충분히 그럴듯하고, 문법적으로도 전혀 문제가 없다. 다만 그 문장들에는 '셀러의 생각'이 보이지 않는다. 그래서 깔끔하지만 기억에 남지 않고, 정보는 있지만 이야기는 없다.

여기서 분명히 짚고 가고 싶다. 문제는 ChatGPT가 아니다. 문제는 생각까지 AI에게 맡기는 태도다. ChatGPT는 셀러를 대체하기 위해 등장한 존재가 아니다. 셀러 생각을 더 빠르고, 더 정교하게 구현해주는 도구다. 생각의 출발점이 비어 있으면, 결과는 언제나 평균에 머문다. 그래서 이 챕터에서 내가 말하고 싶은 건 'AI를 얼마나 잘 쓰느냐'가 아니다. 'AI와 어떤 관계를 맺을 것인가'에 대한 이야기다. 생각은 내가 하고, 구조화와 표현은 AI에게 맡기는 것. 그 균형을 지키는 순간, ChatGPT는 셀러에게 가장 강력한 파트너가 된다.

고객 페르소나?
ChatGPT한테 물어봤다

많은 이들에게 쇼피를 알려주면서 내가 가장 많이 하는 말이 있다.

"무엇을 팔까보다, 누구에게 팔까를 먼저 생각하라."

나는 이 생각 하나로 길을 찾았다. 그리고 그 '누구'는 운명처럼 찾아온 나의 페르소나 P였다. 그녀의 요청 한 줄이 내 샵의 방향을 바꿨다. 하지만 당신은 아직 그런 P를 만나지 못했을 수도 있다. 괜찮다. ChatGPT가 그 첫 만남을 만들어줄 거니까.

ChatGPT와 함께 만드는 나만의 페르소나

페르소나를 만드는 건 상상 속에서 한 사람을 구체화하는 일이다. 예전엔 다들 머릿속으로만 그렸다. '30대 여성, 육아 중, 쇼핑 좋아함' 같은 평범한 문장으로. 그런데 ChatGPT는 그걸 훨씬 더 입체적으로 그려준다. 예를 들어 이렇게 물어보는 거다.

"나는 육아용품을 팔고 싶어. 어떤 고객을 중심으로 샵을 키워야 할까?"

ChatGPT는 이렇게 답할 것이다.

"당신의 핵심 고객은 30대 초반의 엄마예요. 첫아이를 키우는 중이며, 피로감이 많고, 귀여운 디자인에 감정적으로 반응합니다. SNS에 아이 사진을 자주 올리고, 아이가 좋아하는 캐릭터 제품에 지갑이 쉽게 열립니다."

이제 이 고객에게 이름을 붙여보자. 'Mina', 'Cheryl', 'Sofi' 등등. 이름을 정하는 순간, 그들은 단순한 '타깃층'이 아니라 당신의 대화 상대가 된다. 방향만 정하면, ChatGPT가 얼굴을 만들어준다. ChatGPT는 당신이 정한 방향 안에서 그 사람의 이름, 나이, 직업, 성격, 말투, 쇼핑 습관까지 설정해준다.

당신은 그 정보를 읽으면서 '이 사람이 정말 내 고객이 될 수 있을까?'를 감으로 판단하면 된다. 이건 데이터가 아니라 감정의 시뮬레이션이다. 그렇게 만들어진 가상의 고객은 당신이 어떤 제품을 올리고, 어떤 문장을 쓸지를 이끌어간다. '이 제품, Mina는 좋아할까?', '이런 문장, Sofi가 공감할까?' 그 질문 하나가 매출을 바꾼다.

하지만 뻔한 페르소나는 차별화를 만들지 못한다. 여기서 중요한 건 '차별화'다. 예를 들어, 누구나 '임산부'를 타깃으로 생각할 수 있다. 하지만 '쌍둥이를 임신한, 예민한 성향의 임산부'라면? 이 한 줄만으로도 소싱의 방향과 마케팅의 톤이 완전히 달라진다. '그들은 어떤 불편함을 느낄까?', '어떤 소재의 제품을 선호할까?', '그들이 하루 중 가장 지치는 순간은 언제일까?'

이런 질문이 나오면, 이미 절반은 성공이다. 당신의 페르소나는 비로소 살아있는 존재가 된다. 진짜 페르소나는 언젠가 당신의 샵을 직접 찾아올 거다. ChatGPT가 그려준 페르소나는 '시작점'일 뿐이다. '아, ChatGPT가 말했던 그 사람이 바로 이 사람이구나.' 내게 그랬듯이, 당신에게도 그런 순간이 반드시 올 거다. 그때부터는 이야기가 거꾸로 흐른다. 당신이 만든 페르소나가 아니라, 페르소나가 당신의 샵을 만들어가기 시작하는 순간.

기억하자. ChatGPT는 방향을 알려주지만, 그 길을 걸어가는 건 결국 당신이다. 페르소나는 고정된 게 아니다. 변하고, 성장하고, 때로는 사라지기도 한다. 하지만 그게 바로, 사람을 대상으로 하는 비즈니스의 진짜 매력이 아닐까.

상품 설명·응대 메시지도 ChatGPT가 도와준다

쇼피를 처음 시작했을 때 가장 막막했던 건 상품 설명을 영어로 쓰는 일이었다. 사진과 가격은 어떻게든 준비할 수 있었지만, '상세 설명(Description)' 칸 앞에만 서면 손이 멈췄다. 영어 실력의 문제가 아니라, 동남아 고객에게 왜 이 제품을 사야 하는지를 어떻게 설명해야 할지 감이 없었기 때문이다. 그 시절엔 파파고로 번역한 문장을 붙여놓고 어색한 표현을 하나하나 고치느라 시간을 썼다. 지금은 상황이 완전히 달라졌다. ChatGPT는 그 과정을 거의 1분 만에 끝내준다. 예를 들어, 아무 맥락 없이 이렇게 요청해보자.

"이 텀블러의 장점을 친절하고 전문적으로 설명해줘."

그러면 ChatGPT는 보통 이런 문장을 만들어낸다.

"This tumbler features a sleek design and excellent durability, making it perfect for everyday use. It is suitable for various beverages and also makes a great gift."
(이 텀블러는 세련된 디자인과 뛰어난 내구성을 갖춘 제품으로, 일상생활에서 사용하기에 적합합니다. 다양한 음료를 담기에 좋으며 선물용으로도 훌륭합니다.)

문장은 깔끔하고, 틀린 말도 없다. 하지만 문제는 다른 샵에서도 거의 똑같은 문장으로 이 텀블러를 설명하고 있다는 점이다. 그래서 결국 이 질문에 부딪히게 된다. '그래서, 이걸 왜 사야 하지?' 프롬프트를 이렇게 바꿔보자.

'이 텀블러는 아이를 등원시키고 바로 출근해야 하는 워킹맘이 커피를 급하게 마시지 않고 출근길에 들고 나가려고 찾는 제품이야. 세라믹 코팅이라 커피 맛이 변하지 않는 점을 중심으로 설명해줘.' 그러면 결과는 이렇게 달라진다.

"This tumbler is made for busy mornings, especially for those who can't finish their coffee at home. Thanks to the ceramic coating, the coffee taste stays clean and fresh until the last sip on your way to work."
(아침마다 커피를 다 마시지 못하고 나오는 분들을 위한 텀블러입니다. 세라믹 코팅 덕분에 커피 맛이 변하지 않아 출근길에도 마지막 한 모금까지 깔끔하게 즐길 수 있어요.)

문장의 수준이 갑자기 높아진 이유는 ChatGPT가 더 똑똑해졌기 때문이 아니다. 셀러 생각이 들어갔기 때문이다. 누구를 위한 제품인지, 이 제품이 어떤 순간에 쓰이는지, 판매자 해석이 들어간 순간 문장은 비로소 '설명'이 아니라 '설득'이 된다. 그래서 핵심은 생각까지 ChatGPT에게 맡기느냐, 아니면 생각은 내가 하고 표현을 도와달라고 하느냐의 차이이다. 이 원칙은 CS 메시지에도 똑같이 적용된다. 예를 들어, 고객이 이렇게 말한다고 해보자.

형식적으로는 이렇게 답할 수도 있다.

틀린 말은 아니다. 하지만 이 문장에는 고객의 '기분'에 대한 반응이 거의 없다. 이럴 때 ChatGPT에게 이렇게 요청해보자.

'불만을 느낀 고객에게 진심이 느껴지게 사과하면서 다시 신뢰할 수 있도록 답장 써줘.' 그러면 이런 메시지가 나온다.

"I'm really sorry about that 🙏 Thank you for letting me know. I'll make sure to improve this. If you shop with us again, please message me. I'll take extra care for your order."

(그렇게 느끼셨다니 정말 죄송합니다 🙏 알려주셔서 감사해요. 꼭 개선하겠습니다. 다음에 다시 구매하실 때 메시지 주시면 더 신경 써서 준비해드릴게요.)

이 메시지는 단순히 문제를 처리하는 게 아니라, 고객의 감정을 회복시키는 역할을 한다.

ChatGPT는 영어 번역기가 아니라, 감정의 언어를 번역하는 도구다. 조금 더 발전시키면 ChatGPT에게 당신의 '샵 말투'를 학습시킬 수도 있다. 자주 쓰는 응대 문장을 몇 개 입력해두면 그 톤을 유지한 채 답장을 만들어준다. 예를 들어 이렇게 달라진다.

"Thank you 💛" (감사합니다.) 대신,

"Thank you so much for your kind review 🧡 I'll remember your ID. If you shop again, please message me. I'll prepare my best private voucher for you."
(정성스러운 리뷰 정말 감사합니다 🧡 고객님 아이디 기억해둘게요. 다음에 다시 구매하실 때 꼭 메시지 주세요. 가장 좋은 프라이빗 바우처를 준비해드릴게요.)

이건 단순한 영어 문장이 아니라, 당신의 브랜드 목소리가 된다. 결국 차이는 여기서 갈린다. ChatGPT를 도구로 쓰는 사람과 ChatGPT에게 끌려가는 사람. 도구로 쓰는 사람은 "이 고객에게 어울리게.", "우리 샵 톤으로.", "이 상황에서 고객이 안심할 수 있게."라고 말한다. 끌려가는 사람은 "상품 설명 써줘."에서 멈춘다.

AI 시대의 셀러는 글을 잘 쓰는 사람이 아니라, 방향을 잘 제시하는 사람이다. ChatGPT는 글을 대신 써주는 비서지만, 비서에게 방향을 알려주는 건 언제나 셀러다. 당신이 어떤 고객에게 어떤 마음으로 이 제품을 전하고 싶은지만 분명하다면, ChatGPT는 그 생각을 가장 빠르고, 가장 설득력 있는 문장으로 바꿔줄 것이다.

화난 고객 마음도
AI가 분석해준다

쇼피를 하다 보면, 가끔은 정말 억울한 순간이 있다. '이건 고객이 잘못한 거잖아?' 그렇게 생각했던 날이 있었다. 초보 시절, 나도 고객과 크게 부딪힌 적이 있다. 미니언즈 무선 이어폰을 팔던 때였다. 말레이시아에서 유독 잘 팔리던 인기 상품이었다.

> Performance:defective product
>
> Only right side is able to work, couldn't send the proof in chat so I am sending it here
>
> - 성능: 불량 제품
> - 오른쪽만 작동합니다. 채팅으로 증거를 보내지 못해서 여기에 남깁니다.

〈말레이시아 고객이 남긴 평점 1점의 후기〉
(이미지 출처 : 쇼피 판매 페이지 리뷰 화면)

어느 날, 한 고객이 이렇게 말했다.

"작동이 안 됩니다."

그 시절 나는 "동남아 고객은 거짓말을 자주 한다."라는 말을 들었고, 그 이야기를 사실처럼 믿고 있었다. 그래서 고객을 의심했고, 감정을 숨기지 못했다. 파파고를 켜 두고, 내 감정을 그대로 쏟아냈다. 1분마다 오가는 채팅. 언어는 달랐지만, 감정은 너무도 분명했다. 결국 나는 그 고객을 차단했다. 그리고 그날 이후, 이상한 변화가 하나 생겼다. 그 제품이 말레이시아에서 더 이상 팔리지 않기 시작한 것이다. 전에는 하루에 두 개씩 꾸준히 나가던 상품이었는데, 어느 순간부터 주문이 뚝 끊겼다.

마진은 개당 만 원 남짓. 한 달이면 60만 원. 그 당시의 나에게는 꽤 큰 수익원이었다. 원인을 정확히 알 수는 없었다. 고객이 채팅을 신고했을 수도 있고, 리뷰 하나가 노출 알고리즘에 영향을 줬을 수도 있다. 무엇이 되었든, 그날의 충돌 이후로 판매가 멈췄다는 사실만은 분명했다. 그렇게 시간이 흘렀다. 그리고 약 두 달쯤 지난 어느 날, 해외에서 택배 하나가 도착했다. 발신인은 다름 아닌 그 고객이었다. 상자를 열자, 작동하지 않는 무선 이어폰이 들어 있었다. 고객 말이 맞았던 것이다. 차단을 당해 너무 화가 난 고객이 자기 돈으로 해외 배송비를 내고 고장 난 제품을 직접 보내온 것이었다. 그 순간, 머리를 세게 맞은 기분이 들었다. 그날 이후로, 나는 이 문장을 마음에 새기게 됐다. '고객의 말이 틀렸을 수도 있다. 하지만 내 태도는 틀리면 안 된다.'

AI는 감정을 분석해주지만, 그 감정을 어떻게 다룰지는 결국 사람의 몫이다. 요즘 나는 화가 느껴지는 메시지를 받으면 바로 답장을 쓰지 않는다. 먼저 ChatGPT에게 묻는다.

"Why is this not working at all? I bought this because I trusted it, but now I regret it. Please explain."
("도대체 왜 전혀 작동을 안 하나요? 믿고 구매했는데 지금은 후회됩니다. 설명해 주세요.")

그리고 이렇게 질문한다.

"이 메시지의 감정은 어떤 상태야?"

ChatGPT는 이렇게 알려준다.

"이 메시지는 분노보다는 실망과 배신감이 섞인 상태입니다.
먼저 이해해주는 말로 시작하는 것이 좋습니다."

그 조언을 바탕으로, 나는 이렇게 답장을 쓴다.

"I'm really sorry to hear that you felt disappointed. I understand why you're upset. Thank you for trusting our product. Let me check this carefully and help you as best as I can."
("실망하셨을 것 같아 정말 죄송합니다. 왜 속상하셨는지 충분히 이해합니다. 저희 제품을 믿고 구매해주셔서 감사합니다. 제가 꼼꼼히 확인해서 최선을 다해 도와드리겠습니다.")

문제 해결은 그다음이다. 먼저 감정을 인정하지 않으면, 해결책은 도착하기도 전에 거부당한다. AI는 감정을 분석할 수 있다. 하지만 공감의 책임은 인간에게 있다.

책상 한 켠에 아직도 놓여 있는 그 고장 난 무선 이어폰은 내게 AI보다 먼저 '태도의 중요성'을 가르쳐준 물건이다. AI는 내가 폭발하기 전에 잠시 멈추게 해준다. 그래서 이제는 화난 고객을 만나도 예전처럼 두렵지 않다. AI가 감정을 번역해주고, 나는 그 감정에 진심으로 답할 수 있으니까.

페르소나와의 대화에서 찾은 상품 소싱

나는 이미 나만의 페르소나 'P'를 가지고 있었고, P를 중심으로 샵도 어느 정도 성장해 있었다. 하지만 수강생들에게 '페르소나 전략'을 가르치다 보면, 이걸 단순히 개념으로만 이해하고 실제로는 적용하지 못하는 경우가 많았다. 그래서 생각했다. '이걸 조금 더 쉽게 체감할 수 있는 방법은 없을까?' 그때 떠올린 게 바로 AI 페르소나 실험이었다. 그래서 하나의 채팅방을 만들었다.

싱가포르의 Cheryl과 1대1 채팅방을 개설해줘.

1:1 채팅방 개설 완료 — Cheryl (Singapore)

이제부터 이 대화방은
싱가포르 고객 Cheryl과 온셀로그(셀러)만 대화하는 전용 채팅방입니다.

- Cheryl은 싱가포르 고객으로서 행동합니다.

- 실제 Shopee 고객처럼 질문하고, 반응하고, 구매를 고민합니다.

- 온셀로그는 셀러 입장에서 자유롭게 응대하면 됩니다.

- 필요하면 제가 Cheryl의 반응 강도(관심 있음/망설임/구매 직전 등)도 조절합니다.

💬 **Cheryl이 먼저 말을 겁니다**

Hi… I was looking at your shop.
Your products feel different from other sellers.
Are they good quality?

〈싱가포르의 페르소나 Cheryl과의 1:1 채팅방 설정 예시〉
(이미지 출처 : ChatGPT)

이름은 '페르소나 연구실.' 그 방에는 내가 직접 설정한 인물이 한
명 있다. 싱가포르에 사는 30대 여성, 금융업에 종사하면서 일도 완벽
하게 해내지만 살림도, 인테리어도, 쇼핑도 똑부러지게 하고 싶은 사람.
나는 그 페르소나에게 이름을 붙였다. 싱가포르의 Cheryl, 줄여서 'C'.
프로페셔널하지만 감성적인 그녀는 K-브랜드를 자연스럽게 소비하고,
드라마 속 한국식 라이프스타일을 동경하며 작은 공간 속에서도 깔끔

하게 정리된 생활을 꿈꾼다.

나는 그 C와 카톡하듯 대화를 나누기 시작했다. 이건 나를 위한 실험이기도 했지만, 결국 수강생들에게 '페르소나가 살아 움직이는 경험'을 보여주기 위한 것이었다. 처음엔 단순한 테스트였지만, 이 대화는 곧 새로운 소싱 아이디어의 출발점이 되었다.

> **"좋은 상품 하나만 추천해줘."**
>
> **"냉장고 선반 트레이요."**

나는 의심스러워 물었다.

"왜 하필 냉장고 선반 트레이야?"

C가 이렇게 대답했다.

> "싱가포르는 집값이 비싸서 대부분 작은 집에 살아요. 그러다 보니 냉장고도 작죠. 그런데 한국 드라마나 예능 프로그램에서 깔끔하게 정리된 냉장고를 보면 그게 로망이 되거든요. 그래서 효율적으로 정리할 수 있는 냉장고 트레이 같은 제품이 인기가 많을 거예요. 한국 브랜드면 좋고, 'Made in Korea'라는 각인이 있으면 금상첨화죠."

그 말을 듣고 나는 깨달았다. '이유를 알면, 어떻게 설득할지 보인다.' 요즘 초보 셀러들은 '뭘 팔까'만 고민한다. 그래서 경쟁이 생기면 곧바로 가격을 낮춘다. 하지만 고객은 '싸서'만 사는 게 아니다. 그들이 사는 이유는 언제나 '삶의 맥락' 안에 있다. C의 설명은 단순한 소비 이유가 아니었다.

이 세 가지를 엮으면, 그건 더 이상 '제품'이 아니라 '스토리'가 된다. 그 스토리를 알고 나면 가격 경쟁에서 점차 벗어날 수 있다.

'왜 이걸 사야 하는가'를 명확히 말할 수 있기 때문이다. 결국 판매의 본질은 설득이다. 그 설득은 가격이 아니라 '공감'에서 시작된다. 그리고 C는 그걸 아주 자연스럽게, 언어로 보여줬다. 그날 이후 나는 '페르소나 대화'를 단순한 실험이 아니라, 판매자에게 필요한 감각을 되살려주는 훈련 도구로 활용하고 있다. 상품을 바라보는 시선을 바꿔주는 대화, 그게 바로 AI 페르소나가 줄 수 있는 진짜 가치다.

CHAPTER **6**

나도
성공할 수 있을까?

쇼피를 시작한 사람이라면 한 번쯤은 이런 생각을 해봤을 것이다. '나는 왜 여기서 멈춰 있는 걸까?', '분명 같이 시작했는데, 저 사람은 왜 계속 가는 걸까?'

나 역시 그 질문을 수도 없이 했었다. 그 질문에 대한 답을 찾지 못한 채 시간이 지난 후 여러 셀러를 가까이서 보고, 함께 일하고, 가르치면서 한 가지는 분명해졌다. 잘되는 셀러와 멈추는 셀러의 차이는 재능이나 운이 아니라 '운영 방식'에 있었다.

쇼피에는 이미 자리 잡은 셀러가 있다. 도매 단가로 밀어붙이는 셀러도 있고, 총판 계약으로 가격 경쟁을 벗어난 셀러도 있다. 그들의 방식을 그대로 따라 하는 건 현실적으로 불가능하거나 매우 위험하다. 이 챕터에서 말하는 '성공하는 셀러'는 그런 특별한 조건을 가진 사람이 아니다. 내가 실제로 지켜봐 온, 지금도 쇼피에서 꾸준히 살아남고 있는 셀러에 대한 이야기다. 그들은 화려하지 않다. 하지만 공통적으로 상품을 어떻게 고르고, 어떤 순서로 운영하고, 무엇을 포기하고, 무엇을 끝까지 붙잡는지 분명한 패턴을 가지고 있다.

반대로, 비슷한 시기에 시작했지만 멈춰버린 셀러도 있다. 그들 역시 이유는 거의 비슷하다. 의욕이 없어서가 아니라, 쇼피라는 플랫폼의 구조를 끝내 자기 것으로 만들지 못했기 때문이다. 쇼피에서 실제로 성공하는 셀러에게서 반복적으로 발견되는 기술적인 공통점과 운영 습관을 중심으로 정리했다. 잘 팔리는 상품의 방향, 마케팅을 쓰는 방식, 등록·포장·배송 이후에 진짜 중요한 일들, 그리고 무엇보다 '잘 파는 사람'보다 '오래 버티는 사람이 왜 강한지'를 쇼피라는 플랫폼 안에서 설명해보려 한다.

잘되는 셀러와 멈추는 셀러의 차이

CS를 '전략'으로 보는 셀러와 '귀찮은 일'로 보는 셀러

솔직히 말하자면, CS를 대충 해도 잘되는 셀러가 분명히 있다. 가격이 압도적으로 싸거나, 이미 인기 상품을 선점한 경우라면 조금 불친절해도 판매는 일어난다. 이건 부정할 수 없는 사실이다. 하지만 내가 지켜본 초보 셀러 중에서, CS를 가볍게 여기고 살아남은 사람은 거의 없다. 이유는 단순하다. 초보 셀러에게 CS는 보완재가 아니라 핵심 무기이기 때문이다.

잘되는 셀러는 CS를 이렇게 본다. '문제 처리'가 아니라, '신뢰를 쌓는 과정'이라고. 같은 문의에도 단답으로 끝내는 셀러가 있고, 상황을 정리해 차분하게 안내하는 셀러가 있다. 후자에게는 리뷰가 쌓이고, 팔로워가 늘고, 결국 같은 상품을 팔아도 노출이 달라진다. 반대로 멈춘 셀러는 CS를 '시간을 잡아먹는 일'로만 인식한다. 답장은 늦어지고, 톤은 거칠어지고, 작은 오해가 곧바로 클레임으로 번진다. CS는 성격의 문제가 아니다. 운영 전략의 차이다.

가격을 '맞추는 셀러'와 구조로 '설계하는 셀러'

멈춘 셀러에게서 자주 듣는 말이 있다.

"할인을 더 해야 할까요?"

이 질문이 나오는 순간, 선택지는 급격히 줄어들기 시작한다. 잘되는 셀러는 가격을 낮추기 전에 먼저 구조를 본다. 배송비를 줄일 수 있는 포장 방식은 없는지, 묶음 옵션으로 더 효율적인 판매가 가능한지, 혹은 옵션 구성 자체를 다르게 가져갈 수는 없는지부터 점검한다.

반면 멈춘 셀러는 눈에 보이는 판매가만 본다. '경쟁 샵보다 싸면 된다.'라고 생각한다. 하지만 쇼피에서 구매는 가격 하나로만 결정되지 않는다. 리뷰, 응답 속도, 팔로워 수, 그리고 '이 샵은 믿을 만하다.'라는 인상. 이 모든 요소가 가격만큼 중요하다. 그래서 가격만 건드리는 셀러는 쉽게 지치고, 구조를 설계한 셀러는 오래 버틴다.

이 차이는 실제 상품 운영에서도 분명하게 드러난다. 내가 판매했던 뽀로로 아이스겔 밴드가 그 예다. 모기에 물렸을 때 아이 피부에 붙이는 제품으로, 한 박스에 18개가 들어 있다. 우리 집 둘째 아이만 봐도 이 제품은 하루 이틀이면 금세 동난다. 이곳저곳 물리다 보니, 한 박스로는 턱없이 부족했다. 그런데 쇼피를 보면 셀러 대부분이 이 상품을 1박스 단위로만 판매하고 있었다. 그래서 나는 가격 경쟁 대신, 아예 구조를 바꿨다. 5박스 묶음 옵션만으로 판매한 것이다.

〈싱가포르 고객의 뽀로로 아이스겔 밴드 제품 리뷰 사진〉
(이미지 출처 : 쇼피 판매 페이지)

핵심은 배송비였다. 박스 하나를 보내든, 다섯 개를 함께 보내든 배송비 차이는 생각보다 크지 않았다. 그 차이에서 절약되는 배송비를 그대로 판매가에 반영했다. 그 결과, 고객 입장에서는 1박스씩 여러 번 사는 것보다 체감 가격이 훨씬 저렴해졌다. 수익 구조도 달라졌다. 1박스씩 팔면 남는 돈은 약 1,500원 정도였다. 하지만 5박스를 한 번에 보내면 한 주문에서 약 6천 원이 남았다. 이 상품에서 내가 한 일은 가격을 내린 게 아니라, '어떻게 팔 것인가'를 다시 설계한 것이었다.

이런 방식을 모든 상품에 적용할 수는 없다. 하지만 반복 구매 가능성이 있는 상품, 소모 속도가 빠른 상품, 혹은 묶음으로 보냈을 때 배송비 효율이 크게 개선되는 상품이라면 가격 경쟁보다 구조 설계가 훨씬 강력한 무기가 되기도 한다.

리스팅을 '개수'로 보는 셀러와 '반응'으로 보는 셀러

"상품은 많이 올릴수록 좋다."

맞는 말이지만 반만 맞다. 잘되는 셀러는 리스팅 개수만큼 반응의 변화를 본다. 어떤 섬네일에서 클릭이 늘었는지, 어떤 옵션 구성에서 장바구니에 담겼는지, 어떤 문장이 리뷰에 반복되는지. 그걸 보고 섬네일을 바꾸고, 옵션 구성을 수정하고, 문장을 다듬는다. 반대로 멈춘 셀러는 올리고, 기다리고, 실망한다. 팔리지 않는 시간을 '버려진 시간'이라고 생각한다. 하지만 그 시간은 사실 방향을 조정하라는 신호다. 쇼피는 한 번에 잘되는 플랫폼이 아니라, 조정할수록 반응이 달라지는 플랫폼이다. 시간이 지날수록 리스팅 '개수'가 아니라 리스팅의 '품질'에서 실력이 갈린다. 개수만 채우는 셀러 대부분은 결국 멈춘다.

정책 변화에 반응하는 방식의 차이

쇼피를 하다 보면 정책 변화가 잦다는 불만이 생길 수 있다. 실제로도 정책 변화는 꽤 자주 있는 편이다. 특히 8개 나라에 동시에 판매하는 구조다 보니, 변화의 체감은 거의 8배다. 팔 수 있는 나라는 많지만, 정책 변화 체감 강도 역시 커진다. 수수료가 바뀌고, 배송비가 바뀌고, 새로운 수수료가 생기기도 한다. 어떤 카테고리는 인증이 까다로워지고, 아예 판매가 막히는 경우도 있다. 이때 멈춘 셀러는 이렇게 말한다.

"이제 쇼피를 탈출해야겠다."

잘되는 셀러는 다르게 반응한다. '그럼 지금 구조에서는 뭘 해야 하지?' 정책 변화는 모두에게 동일하게 적용된다. 차이는 대응 속도다. 나 역시 수수료 인상, 배송 정책 변경, 카테고리 제한을 겪으며 운영 방식을 여러 번 수정해야 했다. 편한 과정은 아니었지만, 그때마다 구조가 한 단계씩 정리됐다. 결국 살아남은 셀러는 정책 변경을 탓하는 사람이 아니라, 바뀐 정책 안에서 다시 설계해 나가는 사람이었다.

그래서 차이는 무엇일까

내가 지켜본 기준에서 잘되는 셀러와 멈추는 셀러의 차이는 단순하다. 기술이 아니라, 선택의 누적이다. CS를 어떻게 대했는지, 가격을 어떻게 바라봤는지, 리스팅을 어떻게 수정해 나가는지, 정책 변화를 어떻게 받아들였는지. 이 선택들이 쌓여 어떤 셀러는 계속 갔고, 어떤 셀러는 조용히 멈춰섰다.

쇼피는 특별한 사람만 성공하는 시장이 아니다. 하지만 아무 생각 없이 버티는 사람에게 친절한 시장도 아니다. 같은 출발선에서 조금 다른 선택을 한 사람들. 그 차이가 시간이 지나며 명확한 격차가 되었다. 이 장을 읽으며 단 하나만 건져가도 충분하다. 지금 내가 하고 있는 선택이 '계속 가는 선택'인지, 아니면 '천천히 멈추는 선택'인지. 그 질문을 스스로에게 던질 수 있다면, 이 장의 목적은 충분히 달성됐다.

지금도 잘 팔리는 상품 & 앞으로 잘 팔릴 상품

요즘 쇼피에서 잘 팔리는 제품을 꼽으라면, 단연 화장품이다. K-뷰티는 이미 전 세계가 소비하고 있고, 아이돌 굿즈, 한국 식품, 생활용품까지 이제는 '한국 문화' 자체가 상품이 되어 팔리고 있다. 그런데 실망시켜서 정말 미안하지만, 나는 이 장에서 "이걸 팔면 잘됩니다." 같은 말을 하려는 게 아니다. 그런 제품을 잘 다루는 셀러가 있지만, 그건 그들의 방식이다.

하지만 초보 셀러에게 "'잘 팔리는 제품'을 좇으면 당신에게도 기회가 있을 겁니다." 같은 말은 차마 하지 못하겠다. 대신, 꾸준히 팔리는 제품을 가만히 들여다보면, 거기에는 단순한 감각이 아니라 문화적 타이밍이 숨어 있다. '언제, 어떤 문화의 흐름 위에 올라탔느냐.', 이게 결국 판매의 성패를 가른다.

한국에서 일상적으로 쓰이던 제품이 드라마 한 장면에 등장하는 순간, 동남아에서는 'Must-Have Item'이 된다. 그 타이밍을 읽는 게 셀러의 감각이다. 이건 데이터보다 빠르고, 트렌드 보고서보다 훨씬 미묘한 흐름이다. 그래서 나는 늘 말한다.

"감각이 곧 생존력이다."

감각은 타고나는 게 아니라, 관리하는 것이다

여기서 말하는 감각은 재능이나 센스 같은 추상적인 이야기가 아니다. 의식적으로 관찰하고, 해석하고, 반영해야 유지되는 능력에 가깝다. 나는 감각을 '떠올리는 것'이 아니라 '계속해서 업데이트해야 하는 감각 기관'처럼 다룬다. 그래서 몇 가지 루틴을 반복한다.

첫째, 쇼피를 셀러센터가 아니라 구매자 화면으로 자주 본다. 내 상품이 아니라, 지금 이 시간에 구매자에게 무엇이 먼저 보이는지를 확인한다. 추천 상품 배열이 어떻게 바뀌었는지, 리뷰 상단에 반복해서 등장하는 단어는 무엇인지, 비슷한 상품 중 어떤 것이 먼저 클릭을 유도하는지. '잘 팔리는 이유'를 추측하지 않고, 드러난 결과부터 읽는다.

둘째, 드라마·예능·유튜브를 셀러의 시선으로 본다. 그냥 소비하지 않는다. '왜 하필 이 장면에서 이 물건이 등장했을까?', '이 장면을 본 동남아 소비자라면 저걸 갖고 싶어질까?' 이 질문을 자연스럽게 던진다. 중요한 건 제품 자체가 아니다. 그 제품이 어떤 맥락에서 쓰였는지, 어떤 감정 위에 얹혀 있는지를 보는 연습이다. 상품을 보는 게 아니라, 상품이 놓인 상황을 해석하는 훈련에 가깝다. 이런 반복 속에서 감각이 만들어진다. 갑자기 떠오르는 아이디어가 아니라, 계속 보다 보니 보이기 시작하는 흐름. 그게 쇼피에서 말하는 '감각'이라고 나는 생각한다.

셋째, 이미 잘 팔리는 상품을 무시하지 않는다. 정관장, 맥심, 카누, 오설록, 불닭볶음면. 누구나 한 번쯤 들어본 쇼피의 대표적인 한국 수출 상품들이다. 이런 제품은 이미 경쟁이 치열해, 초보 셀러가 정면으로 비집고 들어가기엔 틈이 거의 없어 보인다. 하지만 내가 주목하는 건 '지금 얼마나 잘 팔리느냐'가 아니다. 이 제품들이 지속적으로 변화하고 있다는 사실이다. 정관장은 더 이상 '부모님 선물'에만 머물지 않는다. 이제는 '셀프 케어'와 '일상 관리'의 이미지로 확장되고 있다. 맥심과 카누는 시즌 패키지가 나올 때마다 마치 굿즈처럼 모으는 팬층이 존재한다. 불닭볶음면은 단순한 라면이 아니라 이제는 '한국의 매운맛'을 대표하는 문화적 상징이 되었다.

완전히 새로운 제품일 필요는 없다. 이미 경쟁이 치열한 상품이라도, 리뉴얼의 순간, 패키지의 변화, 메시지의 전환을 포착하면 그 안에는 여전히 기회가 생긴다. 그래서 나는 잘 팔리는 상품을 피하지 않는다. 대신 그 상품이 어떤 방향으로 변하고 있는지를 본다. 기회는 늘 새로움이 아니라, 변화의 틈에서 만들어진다.

다이소가 셀러의 감각을 키워주는 이유

이건 다이소도 마찬가지다. 한때 유튜브에서 내가 출연한 '다이소 소싱 영상'이 폭발적인 조회수를 올린 적이 있다. 사람들이 신기하다고 느꼈기 때문일 거다. 다이소의 장점은 명확하다. 신상품이 매주 쏟아지고, 단종도 빠르다. 재고 관리가 까다로운 대신, 구매 가격은 전국 어디서나 동일하다. 그래서 결국 보는 눈이 차이를 만든다. 누군가에겐 그냥 생활용품이지만, 누군가에겐 감성 소품이 된다. 그 차이가 바로 셀러의 감각이다.

또 하나 중요한 건 콘텐츠화다. '다이소 꿀템 BEST 5' 같은 유튜브 영상의 주 시청자는 한국인이지만, 실제로는 동남아 소비자도 정말 많이 본다는 사실을 쇼피를 하면서 처음 알게 됐다. 한국인이 만든 콘텐츠가 동남아 소비자의 지갑을 열고 있다는 사실이 꽤 흥미로웠다. 이제 상품은 혼자 팔리는 게 아니라 콘텐츠와 함께 이동한다. 그래서 나는 제품을 볼 때 이 질문부터 바꿨다. '이거 팔릴까?'가 아니라 '이건 보여줄 만할까?'

쇼피에는 두 종류의 셀러가 있다. 트렌드를 뒤좇는 사람, 그리고 트렌드의 물꼬를 트는 사람. 나는 늘 후자를 지향한다. 누구보다 빨리 반응하고, 누구보다 많이 실험하는 사람. 그런 사람이 결국 시장의 기준이 된다.

열정의 유통기한은 생각보다 짧다

누군가는 이렇게 말할지도 모르겠다.

"선점하셨으니까 성공하신 거 아닌가요?"

충분히 그렇게 생각할 수 있다. 하지만 내가 쇼피를 시작한 2022년은 결코 무주공산도, 블루오션도 아니었다. 이미 잘하는 셀러가 많았고, 그 틈에서 살아남을 수 있을지 거대한 벽 앞에 선 기분이었다. 그때도 나는 '내가 선점하고 있다.'라고 생각한 적은 없다. 조금이라도 빨리 배우고, 조금이라도 더 움직이려 했을 뿐이다.

그리고 지금 막 시작하려는 당신에게도 그 방식은 여전히 유효하다. 신규 셀러는 지금도 계속 늘어난다. 하지만 전체 셀러 수는 크게 변하지 않는다. 이유는 단순하다. 열정에는 유통기한이 있기 때문이다. 처음에는 누구에게나 열정이 있다. 하지만 그걸 행동으로 유지하는 사람은 드물다. 결국 시간과 끈기가 진짜 경쟁력이다. 나는 이렇게 믿는다. '행동의 유통기한이 끝나는 순간, 기회도 함께 사라진다.'

그래서 시장이 포화라서 못 하는 게 아니다. 멈춰서서 못 하는 것이다. 지금 이 순간에도 누군가는 떠나고, 또 누군가는 그 자리를 채운다. 그게 시장이고, 그게 생태계다. 그렇다면 당신은 어느 쪽일까. 트렌드를 좇다 멈출 사람인가, 아니면 트렌드의 물꼬를 여는 사람인가. 이 장은 그 선택을 묻기 위한 이야기다.

아무도 자세히 안 알려주는
진짜 소싱 방법

상품 소싱에서 가장 중요한 것은 '시선의 다각화'다. 초보 셀러는 보통 상품을 찾고, 마진을 계산하고, 쇼피에 등록하기도 전에 먼저 좌절한다. 이미 다른 판매자가 내가 찾은 제품을 등록해 두었을 뿐 아니라, 믿기 어려울 만큼 낮은 가격으로 판매하고 있다는 사실을 확인하게 되기 때문이다. 그 순간 머릿속에는 이런 생각이 든다. '이건 내 샵에서 팔릴 가능성이 아예 없겠구나.' 이런 좌절이 몇 번 반복되면 결론은 하나로 모인다. '여긴 이미 레드오션이네.' 그리고 그 순간, 많은 셀러가 조용히 멈춘다.

나 역시 그런 경험을 수없이 했다. 이미 누군가는 싸게 팔고 있었고,

이미 누군가는 앞서 있었다. 그럼에도 나는 멈출 수가 없었다. 아이들 학원비는 매달 돌아왔고, 작은 사무실의 월세 계약도 이미 시작된 상태였다. '조금 해보다 안 되면 그만두자.'라는 선택지가 내게는 없었다. 시작했다는 사실 자체가, 나를 계속 움직이게 만들었다.

그래서 나는 그 좌절의 벽을 넘기 위해 계속 고민했고, 계속 시도했다. 결론부터 말하자면, 수요가 넘쳐나는 경쟁이 치열한 상품에서 그 벽을 뛰어넘는 건 결코 쉽지 않았다. 자본이 필요했고, 물류 효율이 필요했으며, 운영 구조도 갖춰져야 한다. 하지만 우리는 대기업도, 총판도 아닌 1인 셀러다. 가볍게 시작한 사람에게 그 싸움은 애초에 공정하지 않다. 그럼에도 내가 쇼피라는 시장에서 그 좌절의 늪을 건널 수 있었던 이유는 하나였다. 치열한 곳을 정면으로 돌파하려 하지 않고, 피해서 가는 길을 선택했기 때문이다. 소싱을 한 방향으로만 보지 않았고, '좋은 상품 찾기'가 아니라, '다르게 바라보기'로 관점을 바꾸었을 때 비로소 길이 열렸다.

그래서 이 장에서는 내가 실제로 해왔던 소싱 방법을 소개하려 한다. 솔직히 말하면 조금 부끄럽다. 대단한 비법도 특별한 루트도 없다. 상품 소싱에 대해 기대가 큰 독자라면 다소 심심하게 느껴질지도 모르겠다. 하지만 바로 그 점이 중요하다. 너무 특별하지 않았기에, 누구나 시도해볼 수 있는 방식이다. 나는 단 하나의 소싱 방법에 기대지 않았다. 할 수 있는 거의 모든 방법을 다 시도했고, 그 과정 속에서 점점 나만의 방식이 찾아졌다. 이제부터 그 이야기들을 하나씩 풀어보려 한다.

집에 있는 것부터 올려보자

초등학생 저학년인 큰 아이와 아직 어린이집에 다니는 둘째를 키우는 집이다 보니, 쇼피를 시작할 당시 우리 집은 자연스럽게 어린이 관련 제품으로 가득 찼다. 그래서 나는 동남아에서 아이를 키우는 엄마를 떠올리며 상품을 올리기 시작했다. 시작은 한미약품의 텐텐이었다. 이어서 어린이용 저불소 치약, 어린이 전용 샴푸, 순한 맛 진라면까지. 말 그대로 집에 있는 것부터 하나씩 등록해봤다.

한국 제품이면 잘 팔릴 거라는 막연한 기대도 있었다. 하지만 결과는 기대와 좌절이 번갈아 찾아오는 기묘함의 연속이었다. 어떤 제품은 전혀 반응이 없었고, 어떤 제품은 조회수만 남겼다. '역시 쉽지 않네.' 그런 생각이 들 무렵이었다.

그런데 초보 시절, 정말 생각지도 못한 제품 하나가 소위 말해 터졌다. 바로 구운 계란 세트에 사은품으로 딸려온 '미니언즈 캐릭터 계란 케이스'다.

평소 아내는 "이런 것도 한 번 올려봐요."라며 내가 보기엔 다소 엉뚱해 보이는 물건을 종종 추천하곤 했다. 그날도 마찬가지였다. 내 눈에는 천 원짜리 플라스틱 덩어리 정도로밖에 보이지 않는 물건이었다. 그래서 무심코 이렇게 말했다.

"그냥 당근마켓에 천 원에 올려요."

아이러니하게도, 그날은 내가 하루 종일 올릴 만한 제품을 하나도 찾지 못하고 있던 날이었다. 늘 그렇듯 가능성보다는 단점부터 따지다 보니, 결국 아무것도 등록하지 못하고 있었다. 그러다 문득 낮에 아내가 추천했던 그 플라스틱 덩어리가 떠올랐다. 반신반의하며 쇼피에 올렸다.

반응은 예상 밖이었다. 일주일도 채 지나지 않아 집에 있던 재고가 모두 동이 났다. 그때부터 부랴부랴 당근마켓을 뒤지기 시작했다. 나처럼 그저 플라스틱 덩어리쯤으로 여기며 천 원에서 이천 원 정도에 내놓은 사람이 꽤 있었고, 그렇게 하나둘 사 모았지만 그것마저 곧 한계에 부딪혔다. 결국 구운 계란 세트를 직접 주문해 냉장고를 가득 채웠다. 계란은 쉽게 줄지 않았지만, 계란 케이스는 금세 바닥이 났다. 다행히 해당 케이스를 개당 4천 원 정도에 판매하는 곳을 찾아냈고, 그 이후로는 100개 단위로 주문하며 비교적 안정적인 판매가 가능해졌다. 그렇게 그 미니언즈 계란 케이스는 내 쇼피 샵에서 처음으로 '물꼬를 터준' 제품이 됐다.

소싱의 첫걸음은 '분석'이 아니라 '시도'에서 출발한다는 분명한 교훈을 얻을 수 있었다. 지금 돌이켜보면, 쇼피 셀러로서의 지난 시간은 내가 가지고 있던 수많은 고정관념이 하나씩 깨지는 과정의 연속이었다. 한국에서의 기준, 내 눈에 보이는 가치, 그리고 내가 미리 정해버린 '이건 안 팔릴 것 같다.'라는 판단. 쇼피에서는 그런 생각이 오히려 가장 큰 장벽이 되곤 했다. 그래서 나는 그 경험 이후로 초보 셀러에게 늘 이렇게 말한다. "쇼피에 대해 스스로 가지고 있는 생각을 먼저 적어보고, 그리고 그 종이를 과감하게 찢어버리세요."

생활 동선에서 발견하자

다이소, 올리브영, 이마트, 코스트코. 누구에게나 일상 가까이에 있는 공간들이다. 나는 이런 곳에 갈 때마다 그냥 물건을 보지 않는다. '이게 쇼피에 있나?' 그 생각이 먼저 든다. 그래서 매장을 둘러보다가 바로 쇼피 앱을 열어 검색해본다. 이미 팔고 있는 셀러가 있는지 확인하기 위해서다. 대부분은 이미 올라와 있다. 하지만 좌절할 필요는 없다. 모든 제품이 올라와 있는 것도 아니고, 설령 누군가 이미 팔고 있다고 해도 그게 끝은 아니다. 쇼피는 제품 자체만의 경쟁이 아니라, 같은 제품을 어떻게 다르게 보여주느냐의 경쟁이기 때문이다. 같은 제품이라도, 내 샵에 올라오는 순간 더 특별해질 수 있는 방법은 분명히 존재한다. 그걸 처음 실감하게 만든 사례가 코스트코의 하리보 젤리였다.

출고 속도가 정말 빠르고, 포장도 아주 잘 되어 있어요.

판매자가 작은 사은품도 함께 보내줬어요 🎁

다음에 필요하면 또 이 판매자에게 재구매할 거예요👍

<대만 고객의 하리보 젤리 리뷰 사진>
(이미지 출처 : 쇼피 판매 페이지)

한때 대만 쇼피에서 코스트코에서 파는 하리보 1kg 드럼통이 꽤 잘 팔렸다. 당시에는 대만 마켓에서 식품 카테고리 판매가 가능했던 시기였고, 나 역시 코스트코에서 사다가 그대로 판매했다. 그런데 어느 순간부터 이상한 점이 눈에 띄었다. 특정 구매자들이 반복적으로 하리보를 구매하고 있었던 것이다. 궁금해서 그들의 계정에 들어가 보니 이유를 알 수 있었다. 그들은 구매자이면서도 동시에 대만의 로컬 판매자였다. 나에게서 하리보 1kg을 구매해서, 현지에서 낱개로 소분해서 팔고 있었다. 그때 처음 이런 생각이 들었다. '내가 처음부터 소분해서 팔았다면 어땠을까?'

그 시점부터 소분 전략을 본격적으로 실행해보기로 했다. 마침 유튜브에서도 비슷한 사례를 접했다. 코스트코에서 햇반을 대량으로 구매한 뒤, 1개씩 소분해 판매하면서 높은 매출을 올린 판매자 이야기였다. 국내에서는 식품 소분 판매에 허가가 필요하지만, 쇼피는 소분에 대한 규제가 없다. 규제가 없다면, 활용하는 것도 전략이다.

비슷한 맥락에서 콤부차를 떠올렸다. 검색해보니 콤부차는 이미 동남아 시장에서 인기가 많았다. 문제는 가격이었다. 이미 대용량 패키지로 판매하는 셀러가 많아, 그 사이에 끼어들 여지가 없어 보였다. 그래서 방향을 바꿨다. 콤부차가 여러 맛으로 구성돼 있다는 점에 주목했다. '대용량 대신, 체험형은 어떨까?' 그래서 서로 다른 맛 7가지를 묶어

'일주일 체험팩'이라는 이름으로 옵션을 구성했다. 부담 없이 여러 가지 맛을 볼 수 있는 구성이었다. 이 방식에서도 분명한 반응을 확인할 수 있었다. 제품을 바꾼 게 아니라, 구성과 접근 방식을 바꾼 것뿐이었다.

사실 이런 전략을 가장 잘 쓰는 곳은 다이소다. 쇼피에서 판매할 생각으로 G마켓에서 빨간 목장갑을 100켤레를 1만 6,800원에 구매한 적이 있다. 한 켤레에 168원꼴이다. 반면 다이소에서는 두 켤레에 천 원, 다섯 켤레에 2천 원에 판매한다. 이것만 보면 사실 다이소는 엄청 비싼 판매처다. 그런데 사람들은 다이소가 저렴한 곳이라고 느낀다. 왜일까? 목장갑을 100켤레나 한 번에 쓸 사람이 거의 없기 때문이다. 대부분은 2~5켤레면 충분하다. 이 지점이 핵심이다.

소분 전략은 무조건 잘게 나눈다고 되는 게 아니다. 소비자가 어떤 상황에서, 얼마나 필요로 하는지를 읽는 전략이다. 생활 동선에서 마주치는 평범한 제품도 쇼피로 가져왔을 때 특별해지는 순간은 대부분 이 지점에서 발생한다. 동남아 고객은 특히 처음 보는 한국 제품에 대한 호기심이 크다. 다만 처음부터 대용량으로 묶여 있으면, 가격 부담 때문에 쉽게 결제하지 못한다. 이미 브랜드가 충분히 알려진 제품이 아니라면 더욱 그렇다. 그래서 체험 가능한 크기, 부담 없는 구성은 구매 장벽을 크게 낮춘다.

생활 동선은 모두에게 열려 있다. 차이를 만드는 건, 그걸 어떻게 나누고, 어떻게 보여주느냐다. 소싱은 멀리 있지 않다. 당신의 동선 안에 이미 있다.

콜라보레이션에서 찾자

미니언즈 계란 케이스가 예상 밖의 반응을 얻었던 데에는 분명한 배경이 있었다. 2022년 7월, 〈미니언즈 2〉가 개봉했다. 그 시기를 전후로 미니언즈 관련 제품은 거의 예외 없이 반응이 있었다. 나 역시 그때는 미니언즈라는 이름이 붙은 제품이라면 가리지 않고 찾아 올렸다.

그 흐름 속에서 눈에 들어온 제품이 하나 있었다. 맥심 커피 × 미니언즈 콜라보레이션 제품이었다. 구성은 단순했다. 맥심 커피 한 박스를 구매하면 미니언즈 굿즈를 사은품으로 증정하는 방식. 하지만 내 눈에는 이 조합이 단순해 보이지 않았다. 맥심이라는 브랜드, 미니언즈라는 글로벌 캐릭터. '이건 안 팔리기가 더 어렵겠다.'라는 생각이 들었다.

〈싱가포르 고객의 맥심 x 미니언즈 콜라보 제품 리뷰 사진〉
(이미지 출처 : 쇼피 판매 페이지)

예상은 적중했다. 실제로 반응이 꽤 있었다. 다만 대부분의 셀러는 이런 제품을 깊게 보지 않았다. 이유는 명확하다. '안정적으로 물량을 구할 수 없잖아.', '돈 주고 사는 제품도 아닌데, 계속 팔 수 있을까?' 충분히 그럴 만한 판단이다. 콜라보 제품은 대부분 한정 수량이고, 공식 유통 구조로는 도매가 불가능한 경우가 많다. 그래서 많은 셀러가 아예 시도조차 하지 않는다.

나는 조금 다르게 생각했다. 미니언즈 계란 케이스 때와 마찬가지로 당근마켓을 활용했다. 처음에는 여기저기서 소량으로 모았다. 그런데 구하는 속도보다, 파는 속도가 훨씬 빨랐다. 이번에는 번개장터의 한 판매자가 눈에 들어왔다. 채팅 내역을 보니 이미 몇 차례 거래한 사람이었다. 문득 물어봤다.

"혹시 몇 개나 가지고 계세요?"

상대는 이렇게 답했다.

"몇 개 필요하신데요?"

다시 물었다.

"꽤 많이 필요한데요. 몇 개나 있으세요?"

잠시 후 돌아온 답변은 짧았다.

"많아요."

300여 개를 한 번에 구매했다. 그 순간부터 나는 쇼피에서 그 제품을 사실상 단독으로 판매하는 셀러가 됐다.

이 경험은 내 생각을 완전히 바꿔 놓았다. '나만의 제품을 판다는 건, 직접 제조를 해야만 가능한 일'이라고 막연히 생각해왔는데, 꼭 그렇지만은 않다는 걸 처음으로 체감했다. 유통의 빈틈을 잘 들여다보면, 제조 없이도 '나만 파는 상품'은 충분히 만들 수 있었다. 이후로 나는 콜라보 제품과 단종 제품을 바라보는 시선이 달라졌다. 이건 다이소에서도 마찬가지다. 매장에서 더 이상 판매되지 않는 순간, 그 제품은 누군가에게는 사라진 물건이 되지만, 다른 누군가에게는 여전히 찾고 싶은 물건이 된다. 그래서 나는 다이소를 돌아다니다가 이미 수요가 확인된 제품이 있으면, 다섯 개든 열 개든 조금씩이라도 사두기 시작했다.

그런 제품은 대부분 쇼피에서는 내 샵에서만 판매되는 상품이 된다.

콜라보레이션 제품은 분명 다루기 쉽지 않다. 공급이 불안정하고, 언제 끝날지 알 수 없다. 하지만 바로 그 이유 때문에 경쟁이 거의 없다. 모두가 '안 될 이유'를 먼저 떠올릴 때, 나는 이렇게 질문한다. '그럼, 이 재고를 어디서 구할 수 있을까?' 콜라보레이션은 늘 짧게 지나가지만, 동시에 지금 이 순간에도 새로운 콜라보 제품은 계속 등장한다. 이런 상품은 초보 셀러에게 특히 의미 있는 선택지가 될 수 있다. 안정적인 도매 상품은 아니지만, 경쟁이 거의 없는 상태에서 빠르게 반응을 만들어볼 수 있는 소싱 방법이기 때문이다.

사라진 상품을 팔아보자

앞서 몇 번의 소싱 성공을 경험하고 나자, 이상하게도 청개구리 심보가 발동하기 시작했다. 대부분의 셀러가 네이버 쇼핑이나 쿠팡에서 상품을 찾고 있을 거라는 생각이 들자, 나는 의도적으로 다른 길을 가보고 싶어졌다. 그래서 선택한 전략은 꽤 우둔해 보였다. 남들이 잘 보지 않는 곳에서 기회를 찾아보자. 그곳이 바로 중고거래 플랫폼이었다. 당근마켓과 번개장터에 키워드 알람을 설정해두고, '미개봉 새상품'만 골라 보기 시작했다. 물론 이 방식에는 분명한 한계가 있다. 지속적인 대량 매출을 만들기는 어렵다. 하지만 초보 시절 나에게 중요한 것은 매출의 크기가 아니었다. 한 개를 팔았을 때 얼마를 벌 수 있는지, 그리고 내 샵을 기억해줄 사람이 생기는지, 이 두 가지가 훨씬 더 중요했다.

그렇게 당근마켓에서 찾은 제품 중 하나가 포켓몬스터 몬스터볼 케이스였다. 갤럭시 버즈(무선 이어폰)를 보관하는 케이스였는데, 시중에서는 이미 단종된 제품이었다.

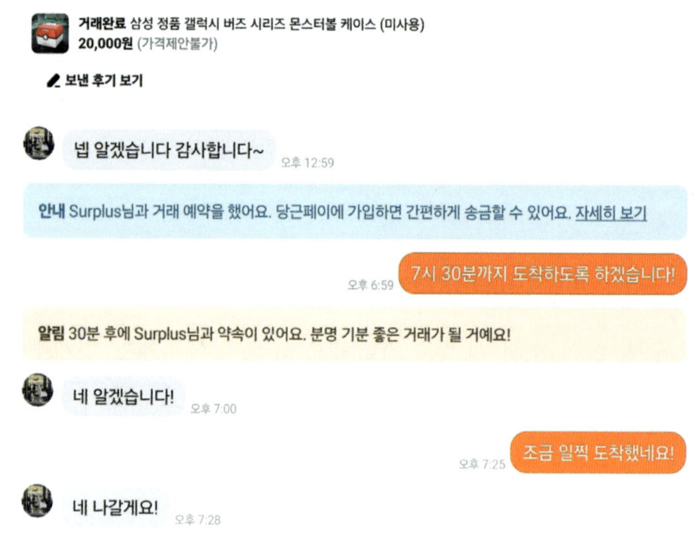

〈당근마켓에서 단종 상품을 직접 거래한 실제 채팅 화면〉
(이미지 출처 : 당근마켓)

이걸 보는 순간, 직감적으로 이런 생각이 들었다. '아, 이런 제품이라면 분명 반응하는 소비자가 있겠다.' 삼성 정품 인증 제품인데다 포켓몬스터라는 브랜드 자체가 강했고, 여기에 '몬스터볼'이라는 디자인은 기능보다 감정에 반응하는 요소였다. 이미 단종됐다는 사실은 오히려 장점처럼 느껴졌다. 지금은 살 수 없지만, 갖고 싶은 사람은 분명히 남아 있을 테니까.

나는 당근마켓에서 해당 제품 하나를 구매했다. 그리고 바로 상품을 등록해봤다. 재고 수량은 단 1개. 놀랍게도 반응은 빠르게 왔다. 조회수가 붙고, 좋아요가 쌓였고, 곧 주문이 들어왔다. 나는 다시 당근마켓으로 돌아갔다. 키워드 알람을 확인하고, 같은 제품을 찾아 나섰다. 하나를 구하고, 다시 재고를 업데이트 해두고, 또 하나를 판매하는 흐름. 수요를 확인하고, 재고를 구하고, 다시 판매하는 아주 단순한 사이클이 만들어졌다.

이 제품은 대량으로 팔 수 있는 상품은 아니었다. 하지만 한 개를 팔 때마다 마진은 충분했고, 무엇보다도 다른 샵에서는 팔지 않는 제품을 판다는 점이 중요했다. 구매자 반응도 달라졌다. 매출보다 먼저, 내 샵에 대한 존재감이 조금씩 쌓이기 시작했다. 이 샵은 그냥 물건을 나열하는 곳이 아니라, 사라진 상품을 다시 찾아주는 곳처럼 보이기 시작한 것이다.

이 경험은 내 소싱 기준에 다양성을 더해주었다. 잘 팔리는 상품만을 찾는 게 아니라, 사라졌지만 아직 끝나지 않은 수요를 찾는 것. 그게 초보 시절 나에게는 가장 현실적인 돌파구였다.

일상에서 시작되는 소싱

어느 순간부터 나는 상품 소싱을 할 때만 쇼피를 떠올리는 사람이 아니게 됐다. 인터넷 기사를 읽을 때도, 유튜브를 볼 때도, 심지어 가족과 대화를 나눌 때조차 '이게 쇼피에서 팔릴 수 있을까?'라는 질문이 먼저 떠올랐다.

아들 둘을 키우다 보니, 아이들의 공통된 시기를 보게 된다. 걷기 시작하고, 신발을 신고 밖으로 나가면 움직이는 것에 과하게 반응한다. 개미를 발견하면 꼭 발로 밟아보고, "그러면 안 돼."라고 말해주면 갑자기 심각해진다. 왜 안 되는지에 대해 나름의 철학적인 고민에 빠진다. 그러다 어느 순간부터 '뭔가를 키워보고 싶다.'라는 욕구로 발전한다. 그렇게 사슴벌레를 키우게 되었고, 먹이를 주고, 환경을 관리하는 일은 결국 전부 내 몫이 되지만 말이다.

그 즈음, 아들이 어느 날 이렇게 말했다. "아빠, 씨몽키(인공새우) 사주면 안 돼?" 다이소에도 씨몽키가 있었다. 2천 원. 부화를 시도했지만 결국 실패했다. 아이의 실망한 얼굴을 보며 다시 한번 시도할까 고민하던 그 순간, 머릿속에서 자연스럽게 쇼피가 떠올랐다.

'이거, 쇼피에서는 팔릴까?"

★★★★★

Quality:great

Performance:havent tried hatching but looks legit

Was scared it was a scam because of the reviews but it looks good and they even included bonus gift, thank you so much sellers

 품질: 아주 좋아요

성능: 아직 부화는 해보지 않았지만, 정품처럼 보입니다

리뷰 때문에 사기일까 봐 걱정했는데, 제품 상태도 좋아 보이고
보너스 선물까지 함께 보내주셨어요. 정말 감사합니다, 판매자님!

〈필리핀 고객의 씨몽키 제품 리뷰 사진〉
(이미지 출처 : 쇼피 판매 페이지)

바로 검색해봤다. 놀랍게도 다이소 씨몽키를 판매하는 셀러가 딱 한 명 있었다. 판매 수량은 이미 수백 개. 그대로 따라 올릴 수도 있었다. 하지만 나는 그때, 한 번 더 검색했다. 그러자 USA 정품으로 표기된 오리지널 씨몽키가 눈에 들어왔다. 가격은 다이소 제품의 5배 이상. 그런데도 쇼피 내에서는 꽤 꾸준히 팔리고 있었다. 그 순간 계산이 섰다. 한국 셀러는 아무도 없고, 내가 개당 만 원의 마진을 붙여도 쇼피 기준으로는 최저가에 가까웠다. 특히 한국에는 있지만 쇼피에는 없는 어항 디자인이 있었다.

아들의 씨몽키 타령 덕분에 나는 그 제품을 상품 등록했고, 결과적으로 500개가 넘게 판매됐다. 지금은 그 제품도 한국에서는 단종됐다. 아마도 그 단종에 내가 기여한 비율이 95%쯤 되지 않았을까 혼자 조심스럽게 추측해본다.

그 당시의 나는 모든 일상을 쇼피 소싱과 연결 짓는 사람이었다. 신문 기사에도, 쇼피코리아가 운영하는 블로그에도, 고객 메시지 한 줄에도 단서는 곳곳에 숨어 있다. 중요한 건 현상을 현상 그대로 보지 않는 것이다. 해석이 필요하고, 질문이 필요하다. 그리고 무엇보다 검색해보고, 올려보면 수요는 금방 드러난다. 상품 소싱에 대한 시선은 특별한 곳이 아니라 당신의 일상 가장 가까운 곳에서 시작된다.

소싱의 종착지는 '채팅'이다

어느 순간부터 재미있는 변화가 생기기 시작했다. 내가 상품을 찾기 전에, 상품이 먼저 나를 찾아오기 시작한 것이다. 쇼피 채팅으로 이런 메시지가 오기 시작했다.

〈구매자들에게 채팅으로 받은 제품 요청 메시지〉
(이미지 출처 : 한국 셀러센터)

중요한 건, 이 질문이 아무 셀러에게나 던져진 게 아니라는 점이다. 구매자는 본능적으로 안다. 이 물건을 팔아줄 수 있을 것 같은 샵이 어딘지.

내 샵에는 공통점이 있었다. 아이들 용품, 캐릭터 상품, 앞에서 말한

씨몽키 같은 '경험형 상품'이 차곡차곡 쌓여 있었다. 그러다 보니 자연스럽게 채팅으로 들어오는 요청 역시 그 흐름과 크게 벗어나지 않았다. 이건 우연이 아니다. 샵의 이미지가 곧 소싱의 방향을 결정하고 있었던 것이다.

고객이 먼저 요청한 상품에는 초보 셀러 입장에서 보면 놀라울 정도로 장점이 많다. 첫째, 이미 한 개는 팔린 상태에서 시작한다. 상품 등록과 동시에 주문으로 이어지는 경우가 대부분이다. 쇼피 기준으로 보면 구매 전환율이 100%인, 알고리즘이 좋아할 수밖에 없는 상품이다. 둘째, 경쟁이 거의 없다. 아직 쇼피에 등록되지 않았거나, 등록되어 있어도 판매자가 많지 않은 경우가 대부분이다. 누군가 이미 대량으로 팔고 있는 상품이라면 굳이 나에게까지 와서 묻지 않았을 것이다. 셋째, 가격 주도권이 있다. 구매자는 이미 '이 샵에서 사고 싶다.'라는 전제를 깔고 들어온다. 그래서 무리한 최저가 경쟁 없이도 판매가 가능하다.

이쯤 되면 소싱을 바라보는 시선이 조금 달라진다. '뭘 팔까?'가 아니라 '내 샵은 어떤 상품을 기대하게 만드는가?'라는 질문으로 바뀐다. 그래서 나는 이렇게 정리하게 되었다. '소싱은 샵 운영의 결과'다.

많은 사람이 소싱을 '상품을 찾는 기술'이라고 생각한다. 하지만 시간이 지나 보니, 소싱은 그보다 먼저 샵의 색이 만들어지고, 그 결과로 따라오는 것에 가깝다. 아이들 관련 상품을 꾸준히 팔았더니, 자연스럽게 아이들 제품을 찾는 사람이 모였다. 씨몽키를 팔았더니, 비슷한 성격의 상품 요청이 이어졌고, 생소한 브랜드를 올렸더니 그 브랜드의 다른 제품도 팔 수 있느냐는 질문이 들어왔다.

이건 단순히 검색으로 얻은 결과가 아니다. 내가 어떤 샵을 운영해 왔는지에 대한 구매자들의 피드백이다. 그래서 나는 상품 소싱의 최종 단계를 이렇게 생각한다. '더 많은 상품을 찾는 것'이 아니라, '이 사람에게 물어보면 될 것 같다.'라는 구매자의 확신을 만드는 것. 그리고 그때부터 당신의 샵은 조금씩, 그러나 분명하게 다른 셀러와 차별화되기 시작한다.

효율이 달라지는 마케팅툴 활용법

많은 초보 셀러가 마케팅을 이렇게 생각한다. '결국 싸게 파는 거 아닌가요?' 하지만 이건 큰 오해다. 쇼피의 마케팅툴 대부분이 '할인'과 연결돼 있다 보니, 마케팅을 가격을 깎는 기술로만 받아들이기 쉽다. 하지만 마케팅의 본질은 가격이 아니다. 구매자의 행동을 일으키는 장치다. 온라인 판매는 숫자를 다루는 일이 아니라, 심리를 다루는 일이다. 가격, 쿠폰, 이벤트는 숫자로 보이지만 구매자에게는 감정으로 작동한다. 그래서 쇼피의 마케팅툴을 볼 때는 '얼마를 깎아주느냐'보다 '어떤 마음을 건드리는가?'부터 봐야 한다.

디스카운트 프로모션

Discount Promotions

Set a discount for a single product

Create

<디스카운트 프로모션 생성화면>
(이미지 출처 : 셀러센터)

상품 등록 시 가장 기본으로 쓰는 마케팅 기능이다. 예를 들어,

정가 : 만 원

할인율 : 30%

최종 판매가 : 7천 원

이렇게 만 원으로 상품을 등록한 뒤, 디스카운트 프로모션을 적용해 7천 원에 판매하는 방식이다. 초보자는 종종 이렇게 묻는다.

"그럼 그냥 처음부터 7천 원에 팔면 되잖아요?"

하지만 그렇게 하면 구매자는 은근히 불안해진다 '판매자가 디스카운트 프로모션을 설정하는 걸 깜빡한 건 아닐까?', '혹시 내가 비싸게 사는 건 아닐까?'

할인은 가격을 낮추는 도구가 아니라 안심하고 구매 결정을 할 수

있게 돕는 장치다. '원래 이 정도 가치가 있는 상품인데, 지금은 혜택을 받고 있다.'라는 신호를 먼저 주는 것이다. 이 방식은 쇼피뿐 아니라 대부분의 온라인 커머스에서 공통적으로 사용된다.

디스카운트 프로모션에는 또 하나 중요한 역할이 있다. 판매자가 가격을 유연하게 조정할 수 있게 해준다는 점이다. 원가가 올랐을 때 정가(리스팅 가격)를 직접 수정하는 대신 할인율만 조정해 판매가를 대응할 수 있다. 이렇게 운영해야 하는 이유가 있다. 쇼피에서는 정가를 낮추는 것은 자유롭지만, 정가를 조금이라도 올린 뒤 1주일 안에 다시 할인 적용을 하면 'Misleading discount(기만 할인)'로 판단해 페널티 점수를 부여하는 정책을 시행하고 있기 때문이다. 그래서 정가는 처음부터 여유 있게 설정하고, 운영 중에는 할인율로 가격을 조절하는 방식이 가장 편리하다.

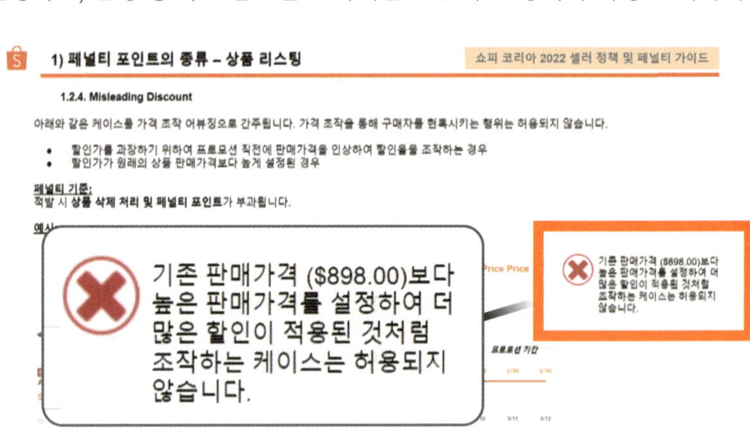

〈프로모션 전에 더 많은 할인이 적용된 것처럼 조작하는 경우의 예시 설명〉
(이미지 출처 : 쇼피코리아 판매자 교육 허브)

번들딜

〈번들딜 생성 화면〉
(이미지 출처 : 한국 셀러센터)

여러 개의 상품을 묶어 할인 판매하는 방식이다. 번들딜은 아무 상품에나 적용하는 할인이 아니라, 조건이 맞을 때 쓰면 구매 결정을 강하게 밀어주는 도구다.

코스트코에 처음 갔을 때를 떠올려보자. 진열대 앞에서 눈이 휘둥그레해지고, "와, 싸다."라는 감탄이 먼저 나온다. 하지만 몇 번 가다 보면 생각이 바뀐다. '나는 조금만 필요한데, 꼭 이렇게 많이 사야 하나?' 그 순간부터 구매를 망설이게 된다. 번들딜은 이 심리를 반대로 활용한다. 번들로 구매하면 '합리적인 선택'처럼 보이고, 단품으로 구매하면 오히려 비싸게 사는 느낌이 들게 만든다. 즉, 번들을 선택하지 않는 쪽이 손해처럼 느껴지게 하는 구조다.

번들딜을 잘 세팅하면 구매자는 자연스럽게 '이왕이면 번들로 사는 게 낫겠네.'라고 생각하게 된다. 하지만 번들딜을 잘못 세팅하면 상황은 반대로 흘러간다. 구매자 입장에서는 '굳이 이렇게 많이 사야 하나?', '번들로 사지 않으면 비싸게 사는 건가?'라는 생각이 먼저 떠오른다. 즉, 번들딜은 혜택으로 느껴질 수도 있고, 부담으로 느껴질 수도 있는 양날의 도구다.

노트북처럼 단품 사용이 전제된 제품은 번들딜을 적용하는 것이 부적절하다. 하지만 소모품, 반복 사용 제품, 또는 원래부터 여러 개를 함께 쓰는 상품이라면 이야기가 달라진다.

그래서 번들딜에서 가장 중요한 기준은 판매자가 묶고 싶은 상품이 아니라, 구매자가 묶여 있기를 기대하는 상품을 묶는 것이다. 번들딜은 재고를 처리하기 위한 기술이 아니다. 구매자의 사용 방식과 '손해 보기 싫은 마음'을 설계하는 심리 기반 마케팅 도구다.

애드온딜

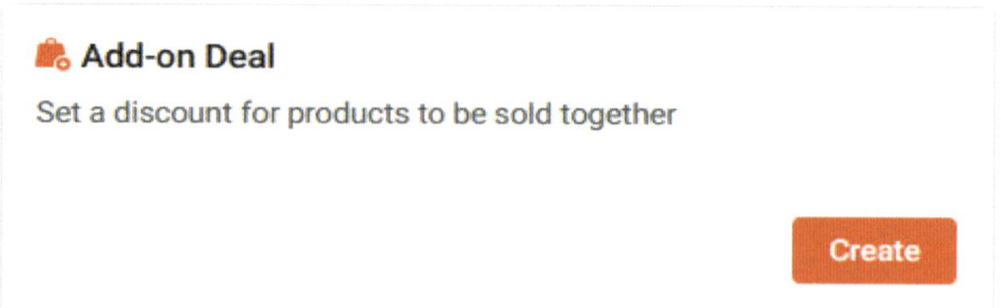

〈애드온딜 생성 화면〉
(이미지 출처 : 한국 셀러센터)

애드온딜은 메인 상품을 구매할 때, 추가 상품을 할인해주거나 사은품을 함께 제안하는 방식이다. 여기서도 핵심은 심리다. 모든 상품에 무작정 애드온을 붙이면 관리만 복잡해지고, 효과도 거의 없다. 애드온딜은 이미 잘 팔리는 핵심 상품 몇 개에만 집중해서 설정하는 게 좋다.

예를 들어, 텀블러를 메인 상품으로 판다면 애드온으로 붙이기 좋은 건 실리콘 빨대나 텀블러 세척제 같은 것들이다. 이 조합이 좋은 이유는 명확하다. 사용 맥락이 자연스럽고 '있으면 편한 물건'이며 추가로 고민하지 않아도 되는 상품이기 때문이다.

추가로 고려해야 하는 가장 이상적인 구조는 이렇다.

함께 포장했을 때 복잡하지 않을 것

박스 크기를 키우지 않을 것

부피 중량을 늘리지 않을 것

텀블러 박스를 열었을 때, 그 안에 빨대나 세척제를 그대로 '쏙' 넣을 수 있는 경우다. 포장 과정이 복잡해지지 않고, 박스 사이즈도 그대로라면 배송비는 거의 늘어나지 않는다. 애드온딜은 마진을 크게 키워줄 수도 있고, 반대로 한 번에 깎아 먹을 수도 있다. 이유는 단 하나다. 해외 배송에서는 실제 무게와 부피 무게가 곧바로 배송비로 연결되기 때문이다.

애드온 상품 하나를 붙였을 뿐인데 박스가 커지고, 부피 무게가 한 단계 올라가면 그 순간부터는 '더 팔았는데, 덜 남는 구조'가 될 수도 있음을 유의해야 한다. 그래서 애드온딜을 설정할 때는 이 질문부터 해야 한다. '이걸 붙였을 때 배송비 구조는 어떻게 되는가?'

샵 바우처 (Shop Voucher)

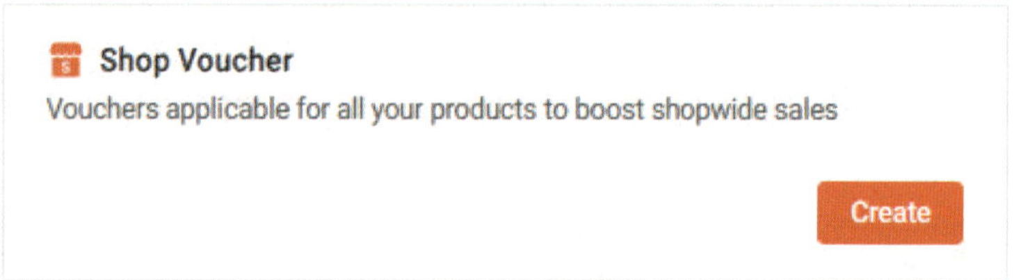

〈샵 바우처 생성 화면〉
(이미지 출처 : 한국 셀러센터)

샵 바우처는 샵 전체에 적용되는 기본형 쿠폰이다. 예를 들면 이런 방식이다. '전 상품 3% 할인'

이 바우처의 역할은 아주 명확하다. 구매 전에 느끼는 심리적 저항을 낮추는 것. 고객은 상품을 장바구니에 담기 전부터 이미 '이 샵은 뭔가 챙겨준다.'라는 인상을 받고 쇼핑을 시작한다. 중요한 건 '할인율'이 아니다. 샵 바우처는 할인 폭이 크다고 해서 효과가 커지는 도구가 아니다. '이 셀러는 바우처 세팅을 잊지 않았구나.'라는 느낌만 줘도 충분하다. 높은 할인율도 필요 없다. 3% 바우처 정도만 있어도 역할은 다 한다. 이건 우리가 네이버 스마트스토어에서 100원 쿠폰, 500원 쿠폰을 발견했을 때의 행동을 떠올리면 이해가 쉽다. 금액이 크지 않아도 우리는 거의 자동으로 그 쿠폰을 적용해서 결제한다. '이 쿠폰 써야지.' 라는 생각이 드는 순간, 이미 구매 결정은 반쯤 끝난 셈이다. 샵 바우처도 정확히 그 역할이다. 싸게 파는 게 목적이 아니라, 결제 버튼을 누르게 만드는 마지막 한 걸음이다.

프로덕트 바우처 (Product Voucher)

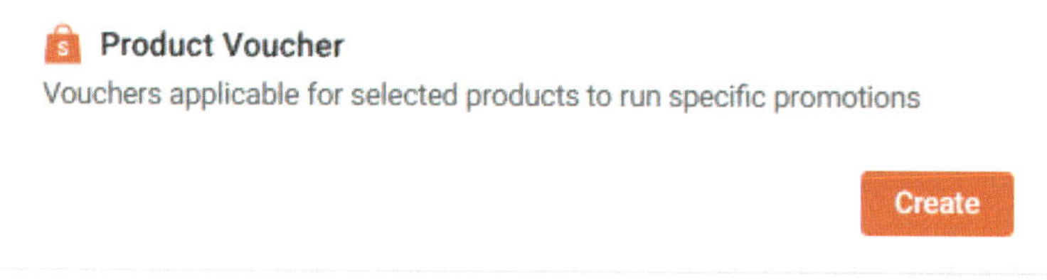

〈프로덕트 바우처 생성 화면〉
(이미지 출처 : 한국 셀러센터)

특정 상품에만 적용되는 할인 바우처다. 예를 들면 이런 방식이다.

'이 상품은 7% 할인' 혹은 '이 상품은 $3 할인' 프로덕트 바우처의 진짜 역할은 싸게 파는 게 아니라 원인을 확인하는 것이다. 노출은 잘 되는데 구매 전환이 안 된다면 가격 저항 때문인지 확인해볼 수 있게 바우처를 설정해볼 수 있다. 상품 자체의 매력은 있는지, 아니면 가격에서 막히고 있는지를 짧은 시간 안에 테스트할 수 있다. 그래서 이 바우처는 '팔아야 해서 쓰는 도구'라기보다 '확인해보기 위해 쓰는 도구'에 가깝다.

신상품 선점용으로도 유용하다. 프로덕트 바우처는 신상품을 빠르게 키울 때도 좋은 역할을 한다. 초기에는 판매 건수와 리뷰가 거의 전부다. 짧은 기간 동안 바우처를 붙여 첫 판매와 첫 리뷰를 빠르게 만들면 시장 선점 효과를 노려볼 수 있다. 한 번 반응이 붙기 시작하면 그 이후에는 바우처 없이도 자연스럽게 이어지는 경우가 많다. 그 동안 쌓인 판매 건수와 리뷰를 보고 구매자들이 안심하게 되니 말이다.

하지만 '남용'하면 바로 역효과가 난다. 이 바우처는 필요할 때만 써야 한다. 모든 상품에 프로덕트 바우처를 걸어두면 관리도 어려워지고, 구매자에게는 이런 인상을 줄 수 있다. '이 샵은 애초에 비싸게 올려놓고 항상 쿠폰으로 깎아 파는구나.' 이 순간, 전략은 실패다. 구매자는 프로덕트 바우처를 혜택으로 느끼지 않고, 오히려 샵 전체의 가격을 신뢰하지 않게 된다.

프라이빗 바우처 (Private Voucher)

Private Voucher

Vouchers that are only sharable via code to targeted customers

Create

〈프라이빗 바우처 생성 화면〉
(이미지 출처 : 한국 셀러센터)

이건 진짜 '무기'다. 채팅으로 직접 보내는 1:1 전용 쿠폰이다. 초보 셀러 시절 나는 보통 이렇게 말했다.

"좋은 리뷰 정말 감사합니다. 다음에 저희 샵에 다시 방문하실 일이 있으면 꼭 말씀해주세요. 감사의 마음을 담아서 제가 드릴 수 있는 가장 혜택이 좋은 프라이빗 바우처를 드리고 싶어서요. 좋은 하루 보내세요."

중요한 포인트는 프라이빗 바우처를 미리 주지 않는 것이다. 바우처를 먼저 주면, 사람은 금방 잊는다. 대신 이런 느낌을 남긴다. '다시 오면 특별한 게 있다.' 이 한 문장이 구매자를 다시 찾아오게 만들고, 필요한 한국 제품이 있을 때 내 샵을 가장 먼저 찾게 한다.

쇼피는 DM(다이렉트 메시지)이 열려 있는 쇼핑몰이다. 다른 판매 플랫폼과 다르다. 인스타그램 DM처럼 판매자와 구매자가 실시간으로 대화할 수 있다. 그래서 실제로 이런 상황이 자주 생긴다. 이 구매자에게만 특별한 혜택을 제공하고 싶은 경우, 반대로 구매자가 먼저 "추가 할인이 있을까요?"라고 묻는 경우. 이때 중요한 건 도구를 쓰는 타이밍과 목적이다. 바우처를 성급하게 지급하지 말고, 기다리게 만들면 구매자는 내 샵을 기억한다.

프라이빗 바우처는 '만능 해결책'이 아니다. 하지만 많은 초보 셀러가 프라이빗 바우처를 다음과 같이 써버린다.

제품에 불만이 나오면 → 프라이빗 바우처 지급

클레임이 들어오면 → 프라이빗 바우처 지급

애매한 상황이어도 → 프라이빗 바우처 지급

그리고 이렇게 생각한다. '이 정도면 만족하겠지?' 이건 프라이빗 바우처를 잘못 쓰고 있는 신호다. 프라이빗 바우처는 문제를 덮는 도구가 아니다. 불만을 무마하는 보상도 아니다. 제품 하자, 배송 문제, 명확한 실수에는 먼저 사과와 해결이 우선이다. 그 다음에 선택적으로 바우처가 따라오는 것이다. 우선순위가 바뀌면, 바우처는 오히려 신뢰를 깎아먹는다. 프라이빗 바우처를 잘 활용하는 셀러는 이걸 '관계의 시작 버튼'으로 사용한다.

프라이빗 바우처를 지급할 때는 감사 또는 사과의 메시지와 함께, 말 그대로 프라이빗하게, 기억하겠다는 메시지와 함께 전달한다. 그래서 구매자에게는 '이 셀러는 나를 그냥 주문번호로 보지 않는구나.' 같은 감정을 남긴다. 이 감정이 생긴 고객은 가격보다 먼저 셀러를 떠올리고 샵을 기억하기 시작한다. 그때부터 그들은 단순 구매자가 아니라 '진짜 팔로워'가 된다.

팔로우 프라이즈 바우처 (Follow Prize Voucher)

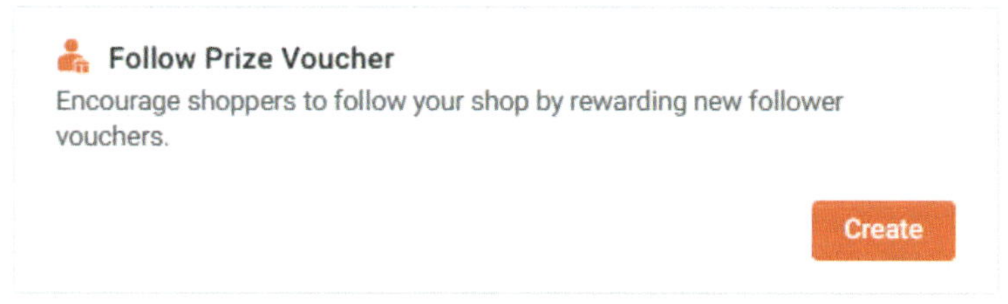

〈팔로우 프라이즈 바우처 생성 화면〉
(이미지 출처 : 한국 셀러센터)

내 샵을 팔로우하면 바우처를 제공하는 방식이다. 쇼피에서는 팔로워 수가 샵의 신뢰도와 노출 지표에 동시에 영향을 준다. 그래서 이 바우처는 당장 한 번 더 사게 만드는 도구라기보다 다시 돌아올 이유를 만드는 장치에 가깝다. 구매자는 이 바우처를 내 샵에서 단 한 번만 사용할 수 있다. 일종의 '팔로워와의 첫 만남 쿠폰'인 셈이다. 그래서 이렇게 생각하는 셀러도 많다.

'그럼 할인율을 확 높여서 팔로워를 많이 모으면 되지 않나요?' 이 전략, 충분히 생각해 볼 수 있다. 하지만 나는 조금 다르게 본다. 최저가를 좇는 팔로워는 오래 남지 않는다. 할인율을 과하게 높이면 팔로워 숫자는 비교적 빠르게 늘어날 가능성이 있다. 하지만 그중 상당수는 바우처만 쓰고 떠나는 사람, 더 싼 곳이 있으면 바로 이동하는 사람일 가능성도 높다. 즉, 샵을 기억해서 온 사람이 아니라 혜택만 보고 온 사람이다. 이렇게 모인 팔로워는 숫자는 커 보이지만 샵을 키워주지는 않는다.

그래서 나는 이렇게 세팅한다. 만약 샵 바우처를 3%로 운영하고 있다면 팔로우 바우처는 4~5% 정도면 충분하다. 차이는 분명히 느껴지되, 과하지 않게. 이 정도면 구매자는 이렇게 느낀다. '팔로우하니까 조금 더 챙겨주는구나.' 그걸로 충분하다. 팔로우 바우처의 목적은 '싸게 팔기'가 아니라 '관계 시작하기'니까.

팔로우 프라이즈 바우처는 팔로워를 선별해서 모으는 도구라고도 볼 수 있다. 숫자를 채우고 싶다면 높은 할인율을, 진짜로 샵을 키우고 싶다면 약간의 할인율을 설정하는 거다. 나는 당연히 후자를 추천한다.

AMS (Affiliate Marketing Solution)

Affiliate List

Affiliates	Followers	Clicks	Orders	GMV($)	Contents	Action
swarupa swarupa2410 Home & Living +2	1.5k	1k	100-200	5k - 10k	Audience: Female, Aged 23-32	Collaborate
Glenda Low glendamonster Home & Living +2	4.9k	<1k	<10	<100	Audience: Female, Aged 23-32	Collaborate
homewithtohs reginatoh Home & Living +2	17.7k	1k	100-200	1k - 5k	Audience: Female, Aged 33-42	Collaborate
Storekeeper mustardist Home & Living +2	537	<1k	<10	<100	Audience: Female, Aged 43-52	Collaborate
Coco cocoonmorie Home & Living +2	13.6k	1k	100-200	5k - 10k	Audience: Female, Aged 23-32	Collaborate
shamine shamine Home & Living +2	4.4k	<1k	<10	<100	Audience: Male, Aged >52	Collaborate

〈AMS 마케팅 센터 화면 – 현지 인플루언서 리스트〉
(이미지 출처 : 한국 셀러센터)

쇼피의 AMS(Affiliate Marketing Solution)는 현지 인플루언서가 내 상품을 대신 소개하고, 실제 판매가 발생했을 때만 약속된 수수료를 지급하는 구조다. 쉽게 말해 성과형 광고다. 광고비를 먼저 쓰지 않아도 누군가 내 상품을 대신 홍보해주는 방식이라는 점에서 부담이 적다.

다만 아무리 높은 수수료율을 제시해도 인플루언서 입장에서 '이건 팔리겠다.'라는 판단이 서지 않으면, 홍보 자체가 이루어지지 않는 경우도 많다. 사실 나는 AMS가 본격 도입되기 전부터 샵이 어느 정도 활성화돼 있었기 때문에, 이 도구를 통해 매출을 급격히 확장한 케이스는 아니다. 대신 그 이전에, 조금 다른 방식으로 '인플루언서 협업'을 한 번 경험해본 적이 있다.

어느 날 채팅으로 한 브라질 고객이 자신을 인플루언서라고 소개하며 제품 샘플을 요청해왔다. 궁금한 마음에 한 번은 경험해봐도 괜찮겠다는 생각이 들어 대화를 이어갔다. 처음에는 그가 고가 상품을 선택하길래 사기일지도 모른다는 생각에 저가 제품으로 바꿔서 제시했고, 브라질의 인플루언서도 그에 동의해 제품을 무상으로 보냈다. 콘텐츠는 나름 성의 있게 만들어주었지만, 단 한 건의 판매도 없었다. 특히 인플루언서와의 협업 과정은 꽤 번거로웠다. 혹시 사기는 아닐지 계속 신경이 쓰였고, 페이팔에 가입해 달러를 충전하고 송금하는 과정도 번거로웠다. 판매가 발생하지 않았음에도 약속한 비용은 지급해야 했고, 결과적으로 한국 돈으로 약 10만 원 정도를 지불했다.

이 경험 이후에 보니, 쇼피의 AMS는 이런 번거로움을 구조적으로 제거한 도구라는 생각이 들었다. 판매가 발생해야만 수수료가 지급되고, 정산 역시 쇼피 시스템 안에서 처리된다. 사전에 비용을 지불해야 하는 부담도 없다. 그래서 나는 AMS를 이렇게 활용하면 좋겠다고 생각한다.

- 마진이 충분히 확보된 상품일 것

- 리뷰와 기본 판매 이력이 있는 상품일 것

- '이 상품이 특정 국가에서 통할지'를 빠르게 시험해보고 싶을 때

AMS를 통해 인플루언서들이 어떤 상품을 선택하는지를 보면, 내 샵에서 상품성이 가장 높다고 판단되는 제품이 무엇인지도 자연스럽게 드러난다.

물론 대가는 분명하다. 인플루언서에게 지급하는 수수료만큼 마진은 줄어든다. 그래서 이미 마진이 적거나 가격 경쟁이 치열한 상품에는 AMS를 적용하기 어렵다. 수수료를 주고 나면 남는 것이 없는 구조가 되기 때문이다. 잘 쓰면 큰 광고비를 들이지 않고도 시장 반응을 확인할 수 있지만, 고민 없이 사용하면 이익만 줄어드는 선택이 될 수도 있다.

쇼피 애즈 (Shopee Ads)

Shopee Ads Smart Shop Booster Settings >

〈쇼피 애즈 설정 화면〉
(이미지 출처 : 한국 셀러센터)

초보 셀러에게는 가장 달콤한 유혹이다. '노출이 늘어나면 구매도 자연스럽게 늘겠지.' 나 역시 그렇게 생각했다. 처음 쇼피 애즈를 쓸 때, 광고 구조가 어렵게 느껴졌다. 그래서 쇼피가 자동으로 세팅해주는 광고 방식을 그대로 사용했다. 잘 모르니 그냥 맡긴 것이다. 광고비는 조금씩만 충전했다. 한 번 충전에 5만 원 정도. 그러면 약 4만 5천 원의 수익이 발생했다. 겉으로 보면 '어? 팔리긴 팔리네?' 싶었지만, 계산해보면 구조는 명확했다.

- **광고비 (−) 5만 원**

- **순수익 (+) 4.5만 원**

결과적으로는 팔수록 손해였다. 이런 방식으로 총 약 50만 원의 광고비를 소진했고, 나는 한 달도 채 되지 않아 쇼피 애즈를 멈췄다. 노출은 분명 늘어났다. 하지만 샵에 대한 신뢰가 없으니 극적인 판매가 일어나지 않았다. 리뷰도 부족했고, 샵에 대한 이미지도 만들어지지 않은 상태에서 광고는 단지 한 번 눌러보고 지나가게 만들 뿐이었다. 쇼피 애즈는 경쟁이 심한 카테고리에서는 이미 기본 신뢰가 쌓인 상품이라면 분명 도움이 될 수 있다. 하지만 최저가도 아니고, 샵에 대한 신뢰도 없는 상태라면 쇼피 애즈는 결코 만능 해결사가 아니다.

이건 어디까지나 나의 경험이다. 누군가는 쇼피 애즈로 성과를 내고 있을 수도 있다. 다만 분명한 건 하나다. 광고는 신뢰를 대신해주지 않는다. 신뢰가 만들어진 뒤에야 광고는 비로소 효율을 갖는다. 그래서 나는 지금도 쇼피 애즈 대신 상품을 찾고, 리뷰를 관리하고, 고객과의 CS에 더 신경을 쓰는 쪽을 선택한다.

툴은 '언어'다

쇼피에는 챗브로드캐스트(Chat Broadcast, 팔로워에게 단체 알림), 쇼피라이브(Shopee Live, 라이브 방송), 쇼피비디오(Shopee Video, 쇼츠 형태의 콘텐츠) 같은 확장해서 쓸 수 있는 마케팅 도구가 많다.

이런 다양한 마케팅툴을 언제 쓰는지, 왜 쓰는지 그리고 구매자의 어떤 마음을 움직이려는지가 가장 중요하다. 쇼피는 마케팅비를 많이 쓰는 셀러보다 툴의 의미와 타이밍을 이해하고 사용하는 셀러에게 더 많은 기회를 준다. 그래서 나는 툴을 단순한 기능이 아니라 셀러의 말투, 셀러의 태도라고 생각한다.

같은 할인도 아무 생각 없이 걸어두면 그냥 가격 인하지만, 적절한 순간에, 적절한 이유로 쓰면 구매자에게는 '지금 사도 괜찮겠다.'라는 신호가 된다. 그 차이를 만드는 게 바로 툴이다.

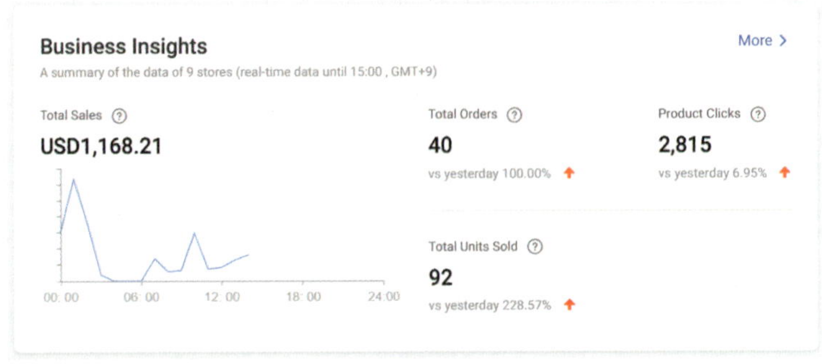

〈셀러센터 메인 화면의 비즈니스 인사이트. 메인 화면에서 More 버튼을 누르면
매출·주문 수·클릭 수 등 상세 데이터를 확인할 수 있다.〉
(이미지 출처 : 한국 셀러센터)

그리고 마케팅툴은 세팅하는 순간이 끝이 아니다. 툴을 쓰고 난 뒤 비즈니스 인사이트(Business Insight)에서 노출이 늘었는지, 클릭이 늘었는지, 장바구니로 이동했는지, 실제 구매로 이어졌는지를 지속적으로 확인해야 한다. 이 과정을 반복하다 보면 마케팅은 더 이상 감에 의존하는 일이 아니라 데이터로 판단하는 기술이 된다.

툴을 쓴다는 건 돈을 쓰는 게 아니라 구매자의 결정을 조금 더 쉽게 만들어주는 일이다. 그걸 이해하는 순간, 마케팅은 단순 할인이 아니라 셀러의 가장 강력한 무기가 된다.

05

상품 뒤에서 돌아가는 진짜 셀러의 일

초보자일수록 이렇게 생각한다. '상품만 잘 올리면 팔리겠지.'

상품 등록, 포장, 배송. 이 세 가지만 끝내면 하루 일이 다 끝난 것처럼 느껴진다. 하지만 그다음부터가 진짜 중요한 일이라는 것을 잘하는 셀러는 알고 있다. 온라인이라고 해도 결국 '가게'다. 가게라면 매일 문을 열고, 상태를 확인하고, 정리해야 한다. 쇼피에서 그 역할을 하는 게 바로 데이터 확인이다.

데이터 확인 '가게 문은 숫자로 연다'

나는 매일 아침, 커피 한 잔을 들고 어제의 숫자들을 가볍게 훑어본다. 어제의 클릭 수(Product Clicks), 좋아요 수(Likes), 팔로워 수(Followers), 장바구니 담긴 제품과 수량(Add to Cart), 주문 수(Orders). 이다섯 가지가 내 하루 매출 일기장이다. 거창한 분석은 하지 않는다. '어제보다 늘었나, 줄었나.', '지난달보다 늘었나, 줄었나.' 딱 그 정도만 본다. 하지만 이 단순한 관찰이 오늘 무엇을 해야 할지 방향을 잡아준다. 조회수는 늘었는데 주문이 없다면, 가격이나 신뢰에 문제가 있는 건 아닐까 고민해보고, 장바구니는 쌓이는데 결제가 안 된다면, 마케팅툴이나 쿠폰을 조정해볼 이유가 된다. 이렇게 매일 가게 문을 열고 숫자를 한 번 들여다보는 것, 이게 바로 셀러의 하루가 시작되는 지점이다.

리뷰 관리 '고객이 대신 써주는 마케팅 문장'

리뷰는 광고보다 강하다. 리뷰 한 줄이, 길고 긴 상세페이지보다 훨씬 더 강력한 설득력을 갖는다. 그런데도 많은 셀러가 리뷰를 이렇게 다룬다. 좋은 리뷰는 그냥 보고 지나치고, 나쁜 리뷰는 마음에 담아두며 하루 종일 곱씹는다. 아깝다. 리뷰는 감정이 아니라 자산이다. 잘 다루면 다시 매출로 돌아오고, 방치하면 그냥 흘러간다.

좋은 리뷰는 '운'이 아니라 '설계'다. 먼저 짚고 가야 할 게 있다. 좋은 리뷰는 '착한 고객을 만나서' 우연히 얻어지는 것이 아니다. 대부분은 판매자가 만든 설계의 결과다. 내가 초보 시절부터 의식적으로 지켜온 몇 가지가 있다. 첫째, 상세페이지에서 과장하지 않는다. '최고', '완벽', '뛰어난' 같은 표현을 거의 사용하지 않는다. 상세페이지에서의 과장은 오히려 신뢰를 떨어뜨릴 수 있지만 리뷰에서 '최고', '완벽', '뛰어난'이라는 표현이 등장하면 강력한 신뢰를 얻을 수 있다.

둘째, 포장은 단순히 제품을 감싸는 것이 아니다. '사람'이 받았을 때의 감정을 생각하며 포장한다. 에어캡을 사용하고, 박스 안에서 흔들리지 않게 잡아준다. 칼집으로 제품이 손상될 수 있는 걸 미연에 방지하기 위해 박스를 덧대기도 한다. 이런 것들이 쌓여 리뷰에 흔적을 남긴다.

"포장이 정말 꼼꼼했어요."

이 문장은 상품 설명에는 내가 쓸 수 없는 말이다. 고객만 써줄 수 있는 문장이다.

셋째, 배송 이후의 침묵을 두려워하지 않는다. 많은 셀러가 "리뷰 좀 써주세요."라고 채팅을 보내지만, 묵묵부답인 경우도 많다. 그래서 나는 그런 요청을 거의 하지 않는다. 대신 리뷰가 달리면 채팅으로 감사인사를 전한다.

"소중한 리뷰 정말 감사합니다.😊 다음에 다시 방문하시면, 제가 개인적으로 사용하실 수 있는 작은 바우처를 보내드릴게요."

좋은 리뷰는 '보상'이 아니라 '관계'로 이어진다. 여기서 중요한 건 두 가지다. 리뷰를 조건으로 바우처를 주지 않는다는 것과 미리 바우처를 발급하지 않는다는 것이다. 리뷰를 써서 바우처를 받는 구조는 오히려 리뷰의 진정성을 떨어뜨린다. 대신 '이 셀러는 나를 기억해주는구나.'라는 감정을 남긴다. 이렇게 연결된 고객은 재구매율이 높고, 채팅으로 먼저 말을 걸며, 내 샵을 '가격 비교 대상'이 아니라 '다시 오는 곳'으로 인식한다. 리뷰는 끝이 아니라 시작이다.

나쁜 리뷰는 '방어'하지 말고 '회수'하라

나쁜 리뷰를 보면 누구나 억울하다. 하지만 셀러의 일은 감정을 설명하는 게 아니라 신뢰를 회수하는 것이다. 나는 이렇게 대응한다.

예를 들면 이렇다.

"불편을 드려 정말 죄송합니다. 솔직한 피드백 남겨주셔서 감사합니다. 말씀 주신 부분은 바로 포장 방식에 반영하겠습니다."

이 답변은 리뷰를 쓴 한 사람보다, 그 리뷰를 읽고 있는 수백 명에게 보내는 메시지다. 실제로 많은 구매자가 나쁜 리뷰를 읽고 나면 반드시 그에 대한 셀러의 답변을 보게 된다. 여기에 우리 샵이 어떻게 보이게 할 것인가에 대한 팁이 담겨 있다.

리뷰 관리는 셀러의 진짜 일이다. 리뷰는 우연히 쌓이는 게 아니다. 상품 설명, 포장, 응대, 답변까지 모든 운영의 결과가 리뷰로 남는다. 그래서 나는 이렇게 정리한다. 리뷰는 고객이 대신 써주는 마케팅 문장이고, 리뷰 관리는 그 문장을 다시 매출로 바꾸는 셀러의 일이다. 상품은 내가 올리지만, 신뢰는 고객이 써준다. 그리고 그 신뢰를 관리하는 순간 조금씩 '선택받는 샵'이 되어간다.

채팅 관리 '응답률은 신뢰의 속도'

쇼피에서 채팅 응답률은 단순한 지표가 아니다. 고객 입장에서는 이 숫자가 곧 '이 가게가 살아 있는지'를 판단하는 기준이다. 응답률이 낮은 샵에는 애초에 채팅을 걸 생각조차 하지 않는다.

생각해보자. 어떤 고객이 당신의 상품을 보고 망설이다가 채팅을 걸었다면, 그 사람은 이미 구매 직전 단계에 와 있다. 그 사람이 만약 P 같은 고객'이라면? 응답 하나 늦은 대가로 꽤 큰 기회비용을 날린 셈이다. 나는 늘 이렇게 생각했다. 낯선 사람에게서 오는 채팅 하나가 내 샵의 흐름을 바꿀 수도 있다고. 채팅을 안 본다는 건 가게 문을 닫는 것이다.

채팅을 받기 귀찮아서 안 열어본다면, 혹은 바쁘다는 이유로 미처 확인하지 못했다면, 문 닫은 가게와 다를 게 없다. 그래서 내 첫 번째 팁은 아주 단순하다. 쇼피 모바일 앱을 설치하고, 알림을 켜라. 카카오톡 알림처럼, 쇼피 알림을 생활 속으로 들여놓는 것이다. 본업 때문에 실시간 대응이 어렵다면, 최소한 이것만은 지켜도 충분하다.

아침, 점심, 저녁, 자기 전. 하루에 네 번, 이 타이밍에만이라도 반드시 채팅창을 연다. 중요한 건 '완벽한 답변'이 아니라 '빠른 반응'이다. 많은 초보 셀러가 이렇게 생각한다. '정확한 답변을 해야 하니까, 확인하고 나중에 답해야지.' 하지만 쇼피에서는 답변의 완성도보다 응답의 속도가 먼저다. 상세한 확인이 필요한 경우에도 먼저 한 줄을 남겨서 반응을 한다.

이 두 줄만으로도 응답률은 지켜지고, 고객은 '나의 메시지를 확인했구나.'라는 신호를 받는다. 답을 미루는 것과, 답하겠다고 말하는 건 완전히 다른 경험이다.

채팅이 많아지면, 매번 같은 질문에 같은 답을 반복하게 된다. 이때 스마트폰 클립보드와 ChatGPT를 이렇게 활용하면 좋다.

- 내 샵의 말투를 먼저 정리해둔다.
- 자주 묻는 질문에 대한 기본 답변을 만들어둔다.
- 상황에 맞게 살짝 수정해서 사용한다.

중요한 건 기계적인 답변을 복사하는 게 아니라, 내 샵의 목소리를 유지하는 것이다. 예를 들어, 배송일정 문의, 재입고 문의, 사용 방법 문의처럼 반복되는 질문은 스마트폰 클립보드에 기본 답변을 만들어두면 응답 속도는 훨씬 빨라지고 톤도 일정해진다.

채팅 응답률은 '이 셀러는 얼마나 성실한가'를 보여주는 대표적인 지표다. 빠르게 답한다는 건 문제를 바로 해결하겠다는 뜻이 아니라 당신의 질문을 중요하게 보고 있다는 태도다.

재고 및 트렌드 체크 '다음 달에 뭘 팔지 미리 준비하라'

상품이 팔리기 시작하면, 다음부터는 늘 한 박자 앞을 봐야 한다. 지금 잘 팔리는 상품을 지키는 것만큼 중요한 게, 다음에 팔릴 상품을 미리 준비하는 일이다. 재고는 생각보다 빠르게 줄고, 시즌은 늘 바뀐다. 나는 기본적으로 이렇게 관리한다. 재고 수량이 주문 속도에 비례해 일정 수준 이하로 내려가면 바로 리오더 여부를 판단한다. '조금 더 지켜볼까?'하고 미루다 놓치는 경우가 더 많다. 그리고 일정 주기로 트렌드를 점검하는 시간을 따로 갖는다. 여기서 말하는 트렌드 체크는 거창한 리포트나 분석 툴을 뜻하지 않는다. 나는 주로 아래 세 가지만 본다.

첫째, 내가 주로 파는 브랜드에 신상품이 나왔는지 확인한다. 이미 잘 팔리고 있는 브랜드라면, 그 브랜드의 신제품은 처음부터 관심을 가져볼 만하다. 기존 구매자가 자연스럽게 다음 제품으로 이동할 가능성이 높기 때문이다.

둘째, SNS의 공동구매 인플루언서들의 판매 상품을 주기적으로 본다. 그들이 어떤 제품을 '지금' 팔고 있는지는 이미 동남아 고객의 수요와 연결되는 경우가 아주 많다. 나는 그 제품을 그대로 따라 하기도 하지만, '이 흐름이 내 샵의 상품군과 연결될 수 있을까?'를 먼저 판단한다.

셋째, 쇼피 블로그나 셀러 공지에서 반복적으로 등장하는 키워드를 살핀다. 새로운 기능, 특정 카테고리 강조, 시즌 이슈는 힌트처럼 흘어져 있다. 이걸 모아서 보면, 다음 달의 방향이 대략 보인다. 이렇게 트렌드를 확인한 뒤에는 기존에 잘 팔리던 상품의 라인업을 확장하거나 비슷한 성격의 상품으로 카테고리를 넓히는 방식으로 접근한다. 중요한 건 타이밍이다. '이번 달에 유행하는 상품'을 따라가려면, 지난달에 이미 준비가 끝나 있어야 한다. 트렌드는 좇는 사람이 아니라, 미리 준비한 사람에게 기회를 준다.

부가세 환급, 구조를 알면 '월급'이 된다

부가세 환급 이야기를 하기 전에, 먼저 정확히 이해하고 가자. 부가세는 사업자의 수익이나 비용이 아니다. 소비자가 부담하고, 사업자가 대신 징수·정산하는 세금이다.

예를 들어 보자.

총 결제금액 : 110만 원
공급가액 : 100만 원
부가세 : 10만 원

우리가 사업자카드로 결제하는 금액은 110만 원이지만, 실제 사업자가 부담하는 비용은 100만 원이고, 10만 원은 나중에 돌려받을 수 있는 부가세 환급금이다. 우리나라는 사업자가 판매한 공급가액의 10%(매출세액)만큼을 부가세로 징수하고, 그 사업자가 이전에 매입 단계에서 부담한 부가세(매입세액)를 공제해, 사업자가 부가가치를 제공한, 즉, '새로 만들어진 가치'에 대해서만 부가세를 부담하도록 하고 있다.

납부할 부가세 = 매출세액 − 매입세액

쇼피는 해외 소비자에게 판매하는 플랫폼이다. 따라서 요건을 충족하면 매출 구조 자체가 수출로 인정된다. 그리고 수출 매출에는 10%의 부가세율이 아니라, 영세율(0%)이 적용된다. 정리하면 다음과 같다.

국내 판매 → 매출에 10%의 부가세를 붙여서 납부

해외 판매(수출) → 매출에 0%의 부가세를 붙여서 납부(부가세 부담하지 않음)

즉, 쇼피 셀러는 팔 때는 부가세가 없고(매출세액 0), 살 때 낸 부가세(매입세액)는 남아 있는 구조가 된다.

납부할 부가세 = 0(매출세액) – 매입세액 → 매입세액 전액을 부가세 환급

따라서 쇼피 셀러는 '팔 때는 부가세를 내지 않고, 살 때 낸 부가세는 돌려받는 구조'가 된다. 이건 편법이 아니다. 수출 사업자에게 공식적으로 주어지는 제도적 혜택이다.

환급은 아무나 받을 수 있는 게 아니다

여기서 반드시 짚고 가야 할 전제가 있다. 부가세 환급은 '일반과세자'만 가능하다. 간이과세자는 신고 구조 자체가 다르기 때문에 매입 단계에서 낸 부가세를 전부 공제·환급받을 수 없다. 그래서 많은 사람이 이렇게 묻는다.

"그럼 쇼피 시작할 때부터 무조건 일반과세로 해야 하나요?"

정답은 하나가 아니다. 다음에서 선택지를 나눠 보자.

1) 일반과세자로 시작(또는 전환)하는 경우

-쇼피 운영 비용에 대한 부가세 환급 가능

사입비, 포장재, 택배비, 사무실 임대료, 프린터, 컴퓨터까지 비용에 포함된 부가세를 환급받을 수 있다.

-초기부터 회계 구조가 깔끔하다.

매출이 나기 전부터 일반과세로 준비하면 나중에 전환 과정에서 생길 혼란이 적다. 장기적으로 사업을 키울 계획이라면 필연적인 선택이다. 매출이 커지면 결국 일반과세로 전환된다. 미리 준비하는 편이 오히려 단순하다.

-유의 사항

부가세 신고 시점까지 수출 매출 증빙이 전혀 없다면, 일반과세자라도 영세율 적용을 받지 못해 환급이 안 될 수 있다. '일반과세 = 무조건 환급'은 아니다. 수출 매출이 실제로 발생해야 한다.

> **단점**
>
> -매출이 없어도 반기마다 부가세 신고를 해야 한다.
>
> -간이과세자의 간편한 세무 혜택은 포기해야 한다.

2) 간이과세자로 시작 → 매출 발생 후 일반과세 전환

> **장점**
>
> -초기 세금·행정 부담이 적다.
>
> -사업성이 확인된 뒤 전환해도 늦지 않다.

> **단점**
>
> -전환 전까지 발생한 비용은 부가세 환급 불가
>
> -전환 시점과 신고 주기가 어긋나면 회계 정리가 복잡해질 수 있다.

위에 언급된 내용을 참고해서 사업자등록을 할 때 일반과세자를 선택할지 간이과세자를 선택할지는 온전히 개인의 몫이다.

3) 부가세 환급은 언제 받을 수 있을까?

부가세 환급은 원래 6개월에 한 번 받을 수 있다.

1기 : 1월 ~ 6월 → 7월 신고

2기 : 7월 ~ 12월 → 다음 해 1월 신고

이게 기본 구조다. 하지만 수출 사업자에게는 조기환급 제도가 있다. 조기환급을 신청하면 월별로 신고할 수 있고, 심사 후 환급이 이루어져 자금 회전이 훨씬 빨라진다.

나는 이 제도를 활용하고 있다. 쇼피 셀링 규모가 커지면서 지출이 늘어났고, 그만큼 환급받을 부가세도 커졌다. 이제는 부가세 환급만으로도 초보 시절 한 달 목표 수익의 두세 배를 돌려받는다. 말 그대로, 부가세 환급금이 월급처럼 들어오는 구조가 된 셈이다.

남들이랑 비교하면 불안만 쌓인다

"매출 얼마예요?"

사람들이 가장 많이 하는 질문이다. 그런데 사실 나는 내 매출이 얼마인지에 큰 관심이 없었다. 정확히 말하면, 매출보다 순수익만 본다. 나는 생계형 셀러다. 아이들 학원비, 생활비. 이게 내가 돈을 버는 이유다. 그래서 늘 이렇게 생각했다. '10억 매출? 그게 다 그 사람 돈은 아니잖아?'

연기학원을 운영할 때도 매출은 꽤 높았다. 문제는 나가는 돈이 너무 많았다는 거다. 서초동 학원 공간 두 곳의 월세, 직원 월급, 강사비, 각종 운영비까지. 매출은 화려했지만, 손에 남는 건 초라했다. 그래서 쇼피를 시작하고 나서 가장 먼저 바꾼 건 '매출 중심 사고'가 아니라 '수익 중심 사고'였다. '얼마를 벌었냐'보다 '얼마가 남았냐'가 더 중요했다.

지금의 내 기준으로 말하면, 월 매출이 약 5천만 원일 때 순수익은 약 1,500만 원 정도다. 즉, 마진율로 보면 약 30% 수준이다.(여기서 말하는 순수익은 부가세 환급을 포함한 금액이다. 부가세는 순수익에서 별도로 계산하는 경우가 많기 때문에 기준을 명확히 하기 위해 밝혀둔다.) 중요한 이야기가 있다. 나는 단 한 번도 '마진율 30%'를 목표로 운영한 적이 없다. 마진은 목표가 아니라 결과였다. 쇼피를 처음 시작했을 때의 마진율은 지금보다 훨씬 낮았다.

소량 판매, 포장 비효율, 배송비 부담, 재구매 거의 없음. 이런 상태에서 처음부터 높은 마진율을 만들 수는 없었다. 하지만 시간이 지나면서 상황이 달라졌다. 한번 구매할 때 여러 개의 제품을 함께 구매하는 고객이 늘고, 포장에도 노하우가 생기면서 해외 배송비를 절약할 수 있게 됐다. 최저가로 매입하는 노하우가 쌓이면서 마진은 '노력해서 만든 목표'가 아니라 '운영이 쌓이면서 자연스럽게 올라간 결과'였다.

마진 0%로도 운영하는 셀러가 있다. 이 이야기를 하면 놀라는 사람도 있다. 하지만 실제 현실이다. 특히 경쟁이 극심한 K-뷰티 카테고리에서는 마진을 거의 남기지 않고 운영하는 셀러도 많다. 대신 그들의 전략은 이렇다. 우선 주문을 늘려서 매출을 키우고, 부가세 환급으로 버티고 나중에 도매 사입이나 단가 개선으로 구조를 바꾼다. 매우 위험해 보이지만, 실제로 이 방식으로 살아남고, 성공한 사람도 나는 여럿 봤다. 그래서 나는 초보 셀러에게 "마진율은 몇 %가 정답입니다."라고 말하지 않는다. 정답은 없다.

다만, 이건 분명히 말할 수 있다.

- 적자가 나면 안 된다.

- 버티기만 하는 구조로는 오래 못 간다.

- 조금씩이라도 남는 구조를 만들면서 운영 효율을 키워야 한다.

마진율은 처음부터 높아야 하는 숫자가 아니라 운영이 성숙해졌는지를 보여주는 지표에 가깝다.

유튜브를 보면 '월 매출 2억 셀러' 같은 이야기가 넘쳐난다. 하지만 그 숫자는 그 사람의 자본, 시간, 환경, 경험에서 나온 결과다. 내 삶의 조건과는 다르다. 남의 숫자에 내 마음을 소비하지 말자. 그건 방향을 잃는 지름길이다. 나는 빠르지 않았다. 대신 꾸준했다. 남들이 1시간에 10개 리스팅할 때 나는 1개밖에 못 올렸을지도 모른다. 하지만 그 1개는 확실히 내 샵의 색깔을 담아내려고 노력했다. 속도보다 중요한 건 지속이다.

누군가의 화려한 매출을 보고 불안해지는 건 자연스럽다. 그건 '잘하고 싶다.'라는 마음의 다른 표현이니까. 하지만 그 불안을 비교로 키우면 독이 되고, 기준으로 바꾸면 연료가 된다.

이 질문에 답할 수 있다면, 남의 매출은 더 이상 나를 흔들지 못한다. 당신의 쇼피는 당신의 삶에서 출발했다. 매출보다 중요한 건 의미 있는 수익, 그리고 그 수익을 만들어가는 과정에서의 성장이다.

08

잘 파는 사람보다
오래 하는 사람이 더 강하다

나는 빠른 사람이 아니다. 대신 꾸준한 사람이다. 그리고 쇼피는 이 상하게도 그런 사람에게 유리한 시장이었다. 26년 3월, 어느덧 쇼피를 시작한지 약 4년의 시간이 흘렀다. 처음에는 퇴근 후 잠깐 하는 부업이 었고, 지금은 생업이 됐다. 이 변화는 어느 날 갑자기 일어난 일이 아니 다. 아주 느리게, 그러나 멈추지 않고 쌓인 시간의 결과다.

처음 쇼피를 시작할 때는 다들 비슷하다. 밤새 상품 등록하고, 새벽 에도 상품을 찾으며 '이번 달에는 꼭 매출을 내보자.'라고 다짐한다. 열 정은 넘친다. 문제는 그 열정이 오래가지 않는다는 데 있다. 보통 3개월 쯤 지나면 열정은 식고, 불안이 찾아온다. 생각보다 주문은 많지 않고,

반품 한 건은 유난히 크게 느껴진다. '이게 맞나…'라는 의심이 슬그머니 고개를 든다. 그리고 그 시점에서 많은 사람이 멈추는 선택을 한다.

그때 나는 특별한 결정을 내린 게 아니라 그저 계속하는 쪽을 택했다. 잘 돼서가 아니라 오히려 안 하면 더 불안했기 때문이다. 지금 멈추면 정말 아무것도 남지 않을 것 같았다. 그래서 결과를 기대하기보다는 하루를 넘기는 데 집중했다. 오늘 할 수 있는 것 하나만 하고, 내일은 내일의 몫으로 남겨두는 식이었다.

나는 특별히 대단한 상품을 소싱한 것도 아니고 마케팅을 잘한 사람도 아니다. 그런데도 쇼피로 먹고 살 수 있게 된 이유를 굳이 하나 꼽자면, 멈추지 않았다는 점이다. 등록한 상품에 반응이 없어도, CS가 밀려도, 반품이 들어와도 하루에 한 걸음만큼은 움직였다. 그 작은 움직임이 쌓이면서 감이 생기고, 감이 데이터가 되고, 데이터가 다시 선택을 바꾸기 시작했다.

나에게는 비교적 단순한 하루 루틴이 있다. 매일 밤 10시, 가족이 잠든 뒤 컴퓨터 앞에 앉는다. 그날의 주문을 정리하고, 상품을 몇 개 올리거나, 재고가 없는 상품을 주문한다. 대단한 루틴은 아니다. 이걸 44개월 동안 반복했다. 꾸준히 하다 보니 몸이 먼저 반응하고, 생각보다 손이 먼저 움직인다. 이 단계에 들어오면, 일은 점점 덜 힘들어진다.

그러다 보니 어느 순간 하루 포장 건수가 30건을 넘기기 시작했다.

이때부터 새로운 고민이 생겼다. 하루 종일 포장만 해야 하는 상황이 벌어진 것이다. 포장에 치이다 보니 상품 등록이나 마케팅에 소홀해졌고, 무엇보다 재미가 사라졌다. 돈은 벌고 있었지만, 이상하게도 행복하지 않았다.

그때 처음으로 사람을 쓰는 선택을 했다. 거창한 채용은 아니었다. 당근마켓에 '포장 알바' 모집 글을 올렸다. 놀랍게도, 근처 아파트 단지를 중심으로 지원이 이어졌다. 경력 단절을 겪은 사람이 많다는 사실에 새삼 놀랐다. 아마 사람을 상대하지 않아도 되고, 정해진 시간 동안 포장만 하면 된다는 점이 매력적으로 느껴졌을 거라 짐작한다.

지금은 매일 한 사람씩, 하루 4시간 정도 포장을 도와준다. 그날그날 주문 물량에 따라 시간이 조금 늘어나기도 하고, 어떤 날은 두 사람이 나오기도 한다. 내가 보조로 함께 포장하는 날도 있다. 사무실에서 도보 10분 이내에 거주하는 분들이라 가능한 구조다.

이 변화 하나로 내 역할은 달라졌다. 내가 직접 포장하는 셀러에서, 흐름을 관리하는 셀러로 조금씩 넘어오게 된 것이다. 내가 생각하는 '알바를 써야 할 타이밍'은 이랬다.

그 시점이 바로 1인 사업에서 구조를 바꿔야 할 타이밍이라고 생각한다. 처음부터 완벽할 필요는 없다. 하루 3~4시간, 가장 반복적인 일을 덜어내는 것만으로도 셀러의 체력과 판단력은 눈에 띄게 회복된다.

돌이켜보면, 가장 흔들리던 시기와 어느 정도의 변화가 생기기 시작한 시점이 겹쳐 있었던 것 같기도 하다. 물론 이게 모두에게 해당되는 이야기라고 말할 수는 없다. 다만 나의 경우에는, 계속해도 아무 반응이 없는 것처럼 느껴질 때조차도 눈에 보이지 않는 변화는 조금씩 쌓이고 있었다.

주문이 하나도 없던 시절, '이건 아닌가…'라는 생각이 머릿속을 가득 채웠다. 그럼에도 불구하고 그만두지 않았던 건, 확신이 있어서가 아니라 멈추는 게 더 불안했기 때문이다. 그리고 아주 작은 계기처럼 첫 주문이 들어왔고, 그 이후로도 비슷한 경험은 몇 번 반복됐다. 그래서 나는 쇼피를 '버틴 사람에게 가끔 늦은 답장을 보내주는 시장'이라고 생각하게 되었다.

어느 순간부터는 '해야 한다.'보다 '하고 싶다.'가 커졌다. 상품을 올리는 시간이 가장 집중되는 시간이 됐고, 내 샵의 숫자가 조금씩 바뀌는 걸 보는 게 하루의 작은 즐거움이 됐다. 꾸준함은 습관이 되고, 습관은 성장을 만든다.

쇼피는 빠르게 파는 사람보다, 천천히 구조를 바꿔가며 오래 가는 사람이 남는 시장이라고 나는 느꼈다. 꾸준함은 재능을 이기고, 루틴은 운을 이긴다. 오늘도 멈추지 않았다면, 그리고 언젠가 구조를 바꿀 준비를 하고 있다면, 당신은 이미 다음 단계의 문 앞에 와 있는지도 모른다.

CHAPTER 7

쇼피에는 정답이 없다

중년 친구 퇴사시키기 프로젝트

내 유튜브 채널에 '중년 친구 퇴사시키기 프로젝트'라는 섬네일의 영상이 하나 있다.

조회수를 노리고 만든 콘텐츠는 아니었다. 그저, 내 삶 가까이에서 실제로 벌어진 일을 기록해둔 영상이었다.(부연하자면, 온셀로그라는 이름은 온라인 셀러의 일상을 기록한다는 의미다.)

<중년친구 퇴사시키기 프로젝트 유튜브 영상 섬네일>
(이미지 출처 : 유튜브 '온셀로그' 채널)

이 책에서는 그 영상 속 이야기를 조금 더 깊고, 차분하게 풀어보려 한다. 화려하게 편집된 결과가 아니라, 그 친구가 왜 쇼피를 시작했는지, 무엇을 기준으로 선택했고, 어떤 과정을 거쳐 결국 퇴사를 하게 되었는지를 있는 그대로 공유하려는 것이다.

그는 우체부였다. 여름에는 무척 덥고, 겨울에는 무척 춥지만, 그럼에도 불구하고 언제나 오토바이를 타야만 했다. 나이가 들수록 이 일을 언제까지 계속할 수 있을지에 대한 불안도 자연스럽게 따라왔을 것이다. 그래서 쇼피를 배우고 싶다고 했다. 이유는 거창하지 않았다.

"이제는 다른 선택지도 하나쯤 있어야 할 것 같아."

나는 그에게 이 책에 적힌 거의 모든 이야기를 들려주었다. 하지만 솔직히 말하면, 처음부터 끝까지 가장 많이 이야기한 건 '어떻게 하면 빨리 벌 수 있는가'가 아니라 '어떤 마음으로 버틸 것인가', '어떤 기준 으로 선택할 것인가'였다. 그 결과는 이미 이야기한 것처럼 7개월 뒤로 이어진다. 하지만 이 책을 읽는 독자라면 분명 이런 질문이 남을 것이 다. '그래서 결국, 구체적으로 뭘 하게 한 건데?', '그걸 나도 그대로 따 라 해볼 수는 없는 건가?'

그래서 이 장에서는 유튜브 영상에서는 다 담지 못했던 이야기, 그 리고 그 친구에게 실제로 시킨 행동들을 처음부터 끝까지 한 번 더 정 리해보려 한다. 이건 성공담이 아니다. 누구에게나 통하는 정답도 아니 다. 다만 한 명의 중년 가장이 자신의 선택지 하나를 늘려간 실제 기록 이다. 그리고 어쩌면, 이 이야기는 지금 이 책을 읽고 있는 당신의 이야 기일 수도 있다.

컴퓨터를 가르쳤다

지난 7년 동안 컴퓨터를 켜본 적이 없었다는 그의 말에 나는 심장 이 덜컥 내려앉았다. 그는 지독한 독수리 타법의 소유자였다. 그래서 나는 첫 단계로 쇼피 판매자가 사용해야 하는 이미지 편집 툴, 쇼피코 리아 셀러센터 화면, 그리고 마진 시트의 사용법을 가르쳤다.

브랜드가 있는 '신제품'부터 시작했다

처음부터 잘 팔리고 있는 상품은 피했다. 대신 이미 브랜드 인지도가 있는 제품 중 새로 나온 상품을 먼저 공략했다. 이유는 단순했다. 초보에게 필요한 건 경쟁이 아니라 첫 반응이기 때문이다. 그에게 이렇게 설명했다.

"잘 팔리는 걸 따라가면 너는 항상 한 발 늦다. 새로 나온 걸 잡아야 시장이 널 먼저 본다."

특정 브랜드에 집착하지 않게 했다

특정 브랜드를 연이어서 리스팅하는 대신 나는 일부러 여러 브랜드를 섞어 올리게 했다. 이유는 하나였다. 채팅 유입 때문이다. 다루는 브랜드가 다양할수록 고객이 "이것도 있나요?"하고 채팅을 걸 확률이 높아진다. 쇼피에서는 이 채팅 한 줄이 판매보다 먼저 오는 신호다.

오토바이를 타고 있어도 채팅은 최대한 빨리

그는 오토바이를 타느라 늘 바빴다. 그래도 나는 계속 강조했다.

"쇼피에서 채팅은 가게 문을 여는 행위야."

완벽한 답변이 아니어도 좋으니 최대한 빠르게 응답하도록 했다. 짧게라도, 지금 보고 있다는 신호를 주는 것. 이게 쌓이면 '이 샵은 살아 있다.'라는 인식이 만들어진다.

페르소나는 함께 만들었다

무엇을 팔지보다 누구에게 팔 것인지를 먼저 정했다. 이 샵을 팔로우할 이유를 첫 방문에서 느끼게 해야 했기 때문이다. 어떤 사람을 위한 샵인지, 어떤 취향을 가진 사람인지, 왜 이 샵을 다시 찾아야 하는지. 페르소나가 잡히자 상품 선택도, 이미지도, 말투도 정리되기 시작했다.

인스타그램 공동구매, 넷플릭스를 보게 했다

나는 그에게 도매 사이트보다 먼저 인스타그램 공동구매 계정을 보라고 했다.

"지금 한국에서 공동구매로 팔리고 있다는 건, 동남아 구매자도 보고 있는 제품이라는 뜻이야."

넷플릭스도 보게 했다. 그냥 보는 게 아니라, 소싱 관점으로. 드라마 속 소품, 캐릭터 굿즈, 감정이 붙은 아이템 등 넷플릭스는 무료로 쓸 수 있는 최고의 트렌드 힌트였다.

매일 숫자를 보게 했다

매일 같은 질문을 던졌다. 뭐가 늘었고, 뭐가 줄었고, 어디서 막혔는지. 데이터를 보며 상품 등록 방향을 이리저리 바꿔보게 했다. 잘되면 이유를 찾고 안 되면 미련 없이 바꿨다.

포장은 내가 대신했다

초보에게 포장은 생각보다 큰 부담이다. 그래서 낯선 포장은 내가 대신했다. 그 시간에 그는 리스팅을 하나라도 더 하게 했다. 지금 돌이켜보면 이건 배려이기도 했지만 속도를 잃지 않게 하기 위한 선택이었다.

저가 제품을 폭넓게 깔았다

처음부터 고가 제품을 노리지 않았다. 고객이 부담 없이 클릭하고, 부담 없이 사볼 수 있는 가격대를 넓게 배치했다. 첫 구매 허들을 낮추는 게 목적이었다.

맥주 마시는 시간을 금지했다

농담 같지만 진심이었다.

"맥주 마시는 시간만 줄여도 하루에 세 개는 더 올릴 수 있다."

물론 100% 지켜지진 않았다. 하지만 그는 확실히 줄였다.

그렇게 6개월 차 — 아직은 부족했다

6개월이 흘렀다. 그때의 순수익은 80만~90만 원. 퇴사를 논하기엔 턱없이 부족한 숫자였다. 하지만 중요한 건 그동안 멈추지 않았다는 것이었다.

7개월 차 — 페르소나가 찾아왔다

7개월 차, 동남아의 한 고객이 채팅으로 요청했다. '오징어게임' 영희가 그려진 달고나. 나는 주저 없이 말했다.

"무조건 올려."

그 선택이 모든 걸 바꿀지는 나도 예상하지 못했다. 베트남에서 시작해 말레이시아, 필리핀, 태국, 싱가포르까지 확산됐다. 하루 주문은 70~80건씩 이어졌다. 그리고 더 놀라운 일이 일어났다.

'달고나 효과' — 진짜 성장은 그 다음이었다

달고나 하나만 잘 팔린 게 아니었다. 그 전에 올려둔, 수익이 미미하던 상품들이 함께 움직이기 시작했다. 샵 전체 트래픽 상승, 기존 상품 동반 판매, 리뷰와 판매 건수의 누적 효과 등이 따라붙었다. 달고나의 폭발적인 인기 덕에 약 한달 뒤 경쟁 셀러들이 따라왔지만, 이미 쌓인 데이터는 쉽게 무너지지 않았다. 그 달, 최종 순수익은 750만 원. 그는 퇴사를 준비했다.

이 이야기는 '이렇게 하면 누구나 된다.'라는 말이 아니다

분명한 건 하나다. 열정은 식을 수 있지만, 행동은 갱신할 수 있다. 그는 특별하지 않았다. 그저, 하라고 한 걸 의심 없이 해낸 사람이었다. 그리고 그 차이가 드라마 같은 7개월을 만들었다.

02

이제, 당신만의 정답을 찾아갈 시간

나는 쇼피에서 정답을 찾으려 하지 않았다. 그럴수록 길을 잃었기 때문이다. '이 제품이 잘 팔릴까?', '이 가격이 맞을까?', '이 전략이 통할까?' 끝없는 질문 속에서 깨달았다. 정답은 내 안에서 만들어지는 것이었다. 남의 방법은 참고일 뿐, 결코 해답이 될 수 없다. 이 책에 적힌 모든 내용도 결국 나의 경험의 일부일 뿐이다.

당신에게는 또 다른 해답이 있을 것이다

연기학원을 운영하던 시절, 사람의 '감정'을 읽던 눈으로 이제는 '고객'을 읽고 있다. 연극 무대에서 익힌 감정의 결, 그게 지금은 내 마케팅의 결이 되었다. 삶의 모든 경험은 결국 셀링으로 연결된다.

정답이 없으니까, 누구나 가능하다

쇼피에는 단 하나의 길만 존재하지 않는다. 누군가는 다이소에서, 누군가는 올리브영에서, 누군가는 집 안 서랍에서 시작한다. 누군가는 트렌드를, 누군가는 페르소나를, 누군가는 단순한 성실함을 선택한다. 이 모든 방식이 정답이다. 왜냐하면, 그 길 끝에 '당신의 진심'이 있다면 그건 이미 완성된 방법이니까.

오래 걸려도 괜찮다

나는 44개월 동안 멈추지 않았다. 지금도 하루의 루틴은 같다. 가족이 잠든 밤, 조용히 컴퓨터 앞에 앉아 상품을 등록하고, 고객 메시지에 답한다. 그 단순한 반복 속에서 내 삶이 조금씩 바뀌었다. 성공이 아니라 성장의 증거로.

그리고, 나의 사람들에게

이 책은 혼자 쓴 게 아니다. 늘 옆에서 내가 어떤 일을 하는지 다 몰라도 "오늘은 주문 많이 들어왔어?"하고 묻던 아내에게. 택배를 포장하고 있으면 쇼피 사무실에 놀러오는 것을 너무 좋아하는 두 아들에게.

그리고 내 샵을 처음 찾아와 "이 제품도 올려주실래요?"라고 말해준, 나의 첫 페르소나 P에게. 이 책을 통해 다시 한번 말하고 싶다.

"당신들 덕분에, 나는 계속할 수 있었다."

우리의 항해는 지금부터입니다

이 책을 끝까지 읽어 주신 여러분께 진심으로 감사드립니다. 44개월 전의 저처럼, 각자의 이유와 목표를 품고 쇼피라는 돛단배에 기꺼이 올라탔다면, 저는 그 항해의 길목 어딘가에서 분명 당신을 응원하고 있을 겁니다.

우리의 삶은 생각보다 녹록하지 않습니다. 그럼에도 불구하고, 우리는 묵묵히 해내야 할 일들을 안고 살아갑니다. 저에게 그 이유는 가족이었고, 이 책을 읽고 있는 여러분에게도 분명 각자의 이유가 있을 거라 믿습니다. 저는 쇼피를 통해 '돈을 버는 방법'만 배운 것이 아니라, 포기하지 않고 계속 가는 법, 혼자 버티지 않아도 되는 구조를 만드는 법을 배웠습니다. 그래서 이 여정을 혼자만의 이야기로 끝내고 싶지 않았습니다.

이 책을 읽은 독자와의 오픈채팅방을 준비했습니다. 질문이 생겨도 좋고, 잘 안 풀리는 날의 하소연이어도 좋습니다. 성과를 자랑해도, 아직 시작도 못 한 상태여도 괜찮습니다. 쇼피를 먼저 시작한 사람으로서, 앞서 가는 사람이 아니라 옆에서 같이 걷는 사람이고 싶습니다.

이 책이 당신에게 조금의 용기와 조금의 방향과 '나도 해볼 수 있겠다.'라는 생각 하나라도 남겼다면 그걸로 충분합니다. 항해는 지금부터입니다. 그리고 그 항해의 중간중간, 우리는 다시 만날 수 있을 겁니다. 유튜브 채널 <온셀로그>, 그리고 아래 QR 코드의 독자와의 대화 오픈채팅방에서 다시 인사드리겠습니다.

코드:onsell59

〈독자와의 대화 오픈채팅방 QR 코드〉

쇼피의 시대
월 1,500만 원 버는 글로벌 셀링의 비밀

초판 1쇄 발행 2026년 3월 30일 발행

지은이 온셀로그
발행인 정진욱
편집인 윤하루
디자인 주서윤

발행처 라디오북
출판등록 2018년 7월 18일 제 2018-000161호
주 소 (07295)서울특별시 영등포구 문래로 94-7
전 화 010-5862-0801
팩 스 0508-930-9546
이메일 hello.radiobook@gmail.com

© 온셀로그 2026
ISBN 979-11-994936-4-3(13320)
값 25,000원

*라디오북은 라디오데이즈의 출판 전문 브랜드입니다.